CB076566

Por que é que os empreendedores devem comer bananas

SIMON TUPMAN

Actual Editora
Conjuntura Actual Editora, L.ᵈᵃ

Missão
Editar livros no domínio da Gestão e Economia e tornar-se uma editora de referência nestas áreas. Ser reconhecida pela sua qualidade técnica, **actualidade** e relevância de conteúdos, imagem e *design* inovador.

Visão
Apostar na facilidade e compreensão de conceitos e ideias que contribuam para informar e formar estudantes, professores, gestores e todos os interessados, para que através do seu contributo participem na melhoria da sociedade e gestão das empresas em Portugal e nos países de língua oficial portuguesa.

Estímulos
Encontrar novas edições interessantes e **actuais** para as necessidades e expectativas dos leitores das áreas de Economia e de Gestão. Investir na qualidade das traduções técnicas. Adequar o preço às necessidades do mercado. Oferecer um *design* de excelência e contemporâneo. Apresentar uma leitura fácil através de uma paginação estudada. Facilitar o acesso ao livro, por intermédio de vendas especiais, *website*, *marketing*, etc.
Transformar um livro técnico num produto atractivo.
Produzir um livro acessível e que, pelas suas características, seja **actual** e inovador no mercado.

JOVEM EMPREENDEDOR

Por que é que os empreendedores devem comer bananas

SIMON TUPMAN

ACTUAL EDITORA
www.actualeditora.com
Lisboa — Portugal

Actual Editora
Conjuntura Actual Editora, L.ᵈᵃ
Caixa Postal 180
Rua Correia Teles, 28-A
1350-100 Lisboa
Portugal

TEL: (+351) 21 3879067
FAX: (+351) 21 3871491

Website: www.actualeditora.com

Título original: *Why entrepreneurs should eat bananas: 101 inspirational ideas for growing your business and yourself.*
Copyright © 2005 Simon Tupman.
Edição original publicada por Marshall Cavendish Business.

Edição Actual Editora – Abril 2007
Todos os direitos para a publicação desta obra em Portugal reservados
por Conjuntura Actual Editora, L.ᵈᵃ

Tradução: Rita Taborda
Revisão: Marta Pereira da Silva e Sofia Ramos
Design da capa: Brill Design UK
Paginação: Guidesign
Gráfica: Guide – Artes Gráficas, L.ᵈᵃ
Depósito legal: 256530/07

ISBN: 978-989-95149-7-3

Nenhuma parte deste livro pode ser utilizada ou reproduzida, no todo ou em parte, por qualquer processo mecânico, fotográfico, electrónico ou de gravação, ou qualquer outra forma copiada, para uso público ou privado (além do uso legal como breve citação em artigos e críticas) sem autorização prévia por escrito da Conjuntura Actual Editora.

Este livro não pode ser emprestado, revendido, alugado ou estar disponível em qualquer forma comercial que não seja o seu actual formato sem o consentimento da sua editora.

Vendas especiais:
O presente livro está disponível com descontos especiais para compras de maior volume para grupos empresariais, associações, universidades, escolas de formação e outras entidades interessadas. Edições especiais, incluindo capa personalizada para grupos empresariais, podem ser encomendadas à editora. Para mais informações, contactar Conjuntura Actual Editora, L.ᵈᵃ

índice

1	Prefácio
3	Introdução
5	Capítulo 1 – O nosso mundo
25	Capítulo 2 – Dominar a melhor prática
43	Capítulo 3 – Relação com os clientes actuais
79	Capítulo 4 – Relação com novos clientes
115	Capítulo 5 – Relação com os seus colaboradores
137	Capítulo 6 – Relação com a vida
159	Apêndice A
162	Apêndice B
163	Apêndice C
164	Apêndice D
166	Apêndice E
167	Apêndice F
168	Apêndice G
169	Apêndice H
171	Sobre o autor
172	Agradecimentos
173	Bibliografia

prefácio

Segundo um estudo recente da Comissão Europeia, os portugueses são, comparativamente com os outros povos do Norte da Europa e dos EUA, aqueles que têm um maior desejo de trabalhar por conta própria ou de ser donos de um pequeno negócio. Infelizmente, este desejo raramente se converte em empreendedorismo porque os portugueses são também – e ironicamente – os que mais temem fracassar.

Certamente respondem que um indivíduo não deveria iniciar um negócio se isso envolver o risco de falhar. É nesta aversão ao risco que reside o fosso entre a sua motivação e a sua acção empreendedora.

Poderíamos investigar, em termos históricos, e determinar quando e porquê Portugal mudou, passando de um povo de intrépidos exploradores para um povo que teme o risco, um povo de candidatos a empreendedores.

Há cinco anos que vivo, trabalho e realizo investigação em Portugal e, durante este período, tenho contactado com actuais e potenciais empreendedores. Acredito que não se trata de um problema psíquico ou cultural. O que se passa é que, em termos gerais, os portugueses não sabem como cultivar uma atitude empreendedora nem as capacidades necessárias para se tornarem empreendedores.

O autor deste primeiro livro da Colecção "Jovem Empreendedor", Simon Tupman, aborda este tema "cortando a banana ao meio". O autor dá um destaque equitativo ao crescimento individual e ao crescimento do negócio, uma vez que para Tupman os dois são indissociáveis. No final do livro, o leitor também se renderá ao ponto de vista do autor.

Formado em Direito, Tupman reflecte essa formação na sua escrita. Ilustra o seu ponto de vista com humor, conhecimento e finaliza cada capítulo com um *case study*: uma entrevista a um empreendedor bem sucedido que transmite a sua prática.

Nos quatro capítulos finais, Tupman, experiente orador internacional sobre temas de liderança, gestão e empreendedorismo, revela como estabelecer relações com clientes actuais, novos clientes, os seus colaboradores e a vida. Tupman oferece não menos do que 101 ideias pouco convencionais e motivadoras, muitas das quais poderão não ser novidade para o leitor, mas é garantido que, no mínimo, 50 irão oferecer boas soluções a utilizar no dia a seguir.

Os apêndices são constituídos por listas de temas e questionários que apresentam, tal como a totalidade do livro, ideias práticas e específicas que o leitor pode aplicar no seu negócio.

Na maioria dos livros de empreendedorismo, descobri ideias simples traduzidas em pensamentos mais elaborados. Neste livro, o leitor encontrará pensamentos mais elaborados traduzidos em ideias simples. E isso torna este livro importante, quer para os potenciais empreendedores quer para empreendedores já mais experientes.

Professor Dana T. Redford, *Visiting Scholar* no Programa de Estudos Portugueses (Instituto de Estudos Europeus – Universidade da California – Berkeley).

introdução

Para ter sucesso, qualquer organização comercial tem de conseguir receitas suficientes para se pagar a si própria e criar lucro, caso seja essa a sua missão. Para isso, tem de encontrar e satisfazer um número suficiente de clientes, vender-lhes a quantidade certa dos seus produtos ou serviços, na altura certa e ao preço certo, e, na maior parte dos negócios, garantir que esses clientes irão voltar a comprar.

De igual forma, para ter sucesso no mundo empresarial, a maior parte procura um desafio, satisfação no trabalho e recompensas justas; mas também quer criar para si o que é actualmente denominado como um bom equilíbrio entre o trabalho e a vida pessoal. Nenhuma das tarefas é fácil; de facto, no actual mundo de constante urgência e de alta tecnologia, podem ser ambas muito difíceis.

Este livro procura mostrar-lhe que pode combinar o crescimento empresarial e um modo de vida com o qual se sente satisfeito (pela excelente razão de que ambos caminham na mesma direcção). Quer trabalhe para uma pequena ou grande organização, quer possua e dirija o seu próprio negócio, tem de assumir uma visão *empreendedora* do seu trabalho. O que faz tem de conquistar

resultados e isso significa fazê-lo no mercado e com os clientes (porque é a única fonte de receitas). As ideias aqui expostas irão ajudá-lo a impulsionar as resultados e a satisfação do cliente e, assim, a construir o negócio; mas também irão ajudá-lo no plano pessoal. Se quer que a sua carreira o satisfaça, então estas ideias irão ajudá-lo. Não há nada pior na vida do que olhar para trás e ver-se a si próprio a dizer algo que começa por: *Se eu ao menos tivesse...*
Como o falecido John Lennon escreveu:

A vida é o que lhe acontece enquanto está ocupado a fazer outros planos.

É um pensamento realista. O que se segue é o que considero ser o antídoto.
Por favor encare este livro como o seu guia pessoal, para fazer a diferença na vida dos seus clientes, colegas e, o mais importante de tudo, na sua vida.
Divirta-se a lê-lo, depois a vivê-lo.

SIMON

1 o nosso mundo

> *O mundo está a mudar tão rapidamente nos dias de hoje, que o homem que diz que algo não pode ser feito é geralmente interrompido por alguém que já o está a fazer.*
>
> HARRY EMERSON FOSDICK

Como é que o seu mundo lhe pareceu hoje? Saltou da cama esta manhã e foi fazer exercício? Sorriu para a sua imagem no espelho da casa de banho? Tomou um pequeno-almoço saudável? Foi capaz de delegar trabalho em colegas mais novos, enquanto usou o seu tempo precioso para fazer algo que adora fazer, talvez brincar com os filhos, fazer amor com o companheiro/a, jogar golfe, ir pescar ou velejar, ler um livro, trabalhar para uma instituição de solidariedade social, ou simplesmente fazer alguém feliz? Se o fez, merece os parabéns. Para muitos leitores, contudo, este cenário pode parecer improvável, ou mesmo impossível!

Uma crise contínua

Imagino que provavelmente esta manhã amaldiçoou o despertador, arrependeu-se da última bebida que tomou antes de se ir deitar, deslizou com relutância para dentro do fato de trabalho, esqueceu-se do pequeno-almoço, atrasou-se nos transportes, lidou com políticas do escritório e depois teve uma reunião com um cliente ou colega que pareceu vindo do inferno! Quando chegaram as 18 horas, estava exausto. Questionou-se como tinha conseguido terminar algumas das tarefas da sua lista de "coisas a fazer" e, para aliviar a tensão, decidiu ir beber um copo ou dois. Amanhã é outro dia; talvez seja melhor. Ou talvez seja igual.

> Reconhece este dia? Bem, se sim, então não está sozinho. Pesquisas recentes de várias fontes sugerem que cada vez mais pessoas nas empresas:
> ◆ Estão insatisfeitas com a sua vida profissional.
> ◆ Sofrem algum tipo de depressão.
> ◆ Consideram o ambiente de trabalho "stressante".

> As três áreas que a maior parte identificou como sendo a origem de *stress* relacionado com o emprego são:
> 1. Demasiado trabalho.
> 2. Pouco tempo para a família ou vida social.
> 3. Horas de trabalho exageradas.

Além disso, muitos afirmam que começariam uma nova carreira se pudessem. De facto, alguns fazem-no e mudam radicalmente – reduzindo o número de horas e vivendo de uma forma diferente, muitas vezes a ganhar menos.

Estes relatórios sugerem um mundo empresarial desfasado dos seus participantes.

O que mudou?

Bem, quase tudo. Recue o seu olhar 20 anos para trás, para o tempo em que o sexo era seguro e os russos eram perigosos, e em que o mundo dos negócios era muito diferente. Podia ser menos sofisticado e as tecnologias de informação serem ainda apenas uma tendência emergente, mas o emprego era mais seguro e, embora os objectivos empresariais tivessem importância, o ritmo era certamente menos frenético. As pessoas pareciam ser mais valorizadas.

Só para dar uma ideia das mudanças que levaram à situação actual, analise o seguinte:

Mudança social

Antes mesmo de analisarmos o mundo dos negócios, pense em como as outras coisas mudaram. A maior parte das pessoas está "melhor", tem certamente maiores expectativas, mas a maioria trabalha mais horas e tem menos tempo – tão pouco que tivemos de criar uma expressão especial, "tempo de qualidade", para o tempo que tentamos preservar. É uma expressão terrível, que de algum modo reflecte o problema. Outras grandes mudanças, como o facto de num casal ambos trabalharem, ajudaram a alterar a situação.

Mudança organizacional

As organizações também mudaram. As hierarquias da gestão estão mais horizontais. Os recursos (incluindo o dinheiro) parecem mais limitados e colocam pressão nos gestores e nas suas equipas para que façam mais em menos tempo e com menos apoios. As formas de trabalhar são mais variadas: as pessoas têm contratos de curto prazo, procuram construir carreiras para o currículo e mudam mais vezes de emprego e de empresas. Apesar de todos os benefícios das tecnologias de informação, manter-se actualizado e desenvolver as competências para as acompanhar tornaram-se empregos a tempo inteiro.

Iniciativas em expansão tanto de âmbito nacional como internacional – tais como a preocupação com o ambiente e a legislação laboral – significam mais questões para ter em conta e mais assuntos para lidar no dia-a-dia. Muitas destas mudanças provocaram uma diminuição da produtividade.

Mudança do mercado

O "aumento da concorrência" parece ter-se tornado um estado permanente e é uma realidade internacional. Os clientes têm mais escolha e expectativas, e são mais exigentes (não querem o serviço mínimo) e cada vez mais instáveis. A fidelidade à marca está em declínio. As cadeias de distribuição cada vez mais complicadas tornam a vida mais difícil; por exemplo, as lojas maiores possuem um grande poder, que ameaça desequilibrar as relações laborais.

As mudanças acima descritas são apenas uma amostra. Podia, sem dúvida, acrescentar mais – a globalização em crescimento, mais fusões e *takeovers*, mais legislação e... basta. Sempre que olharmos para o futuro, iremos encontrar demasiados factores ambientais a sofrer alterações no momento em que olhamos e a exigir que os enfrentemos.

No entanto, os negócios continuam a ter de ser geridos, os clientes satisfeitos, os colaboradores motivados e os imperativos financeiros resolvidos. Talvez isto nunca tenha sido fácil; mas agora é ainda mais difícil. Ao mesmo tempo, os gestores e executivos que gerem os negócios têm de olhar para a sua própria situação – têm de atingir a satisfação no emprego e desejam criar uma vida aceitável para si. De facto, tudo isto está interligado. As organizações com mais sucesso reconhecem que o sucesso pessoal e o dos negócios evoluem juntos; e as melhores cuidam activamente dos seus colaboradores, sabendo que estão a impulsionar o sucesso da empresa.

Acrescentaria que as organizações têm de ser suficientemente corajosas para reconhecer a importância de se preocuparem tanto com as suas equipas como com os seus clientes e para equilibrar esse valor em relação às exigências dos orçamentos. As grandes organizações, em particular, podem ser lentas a mudar. E naquelas onde isso acontece, todos parecem esperar que o outro dê o primeiro passo. Por que não o dá você?

É possível criar o tipo de dia de trabalho que quer e organizar o estilo de vida que deseja, ao organizar a sua vida empresarial sem esperar pela mudança da política organizacional. Abra os seus horizontes, sonhe um pouco e, quando o tiver feito, tome medidas para colocar em prática algumas das suas ideias.

A propósito, algumas organizações e alguns líderes empresariais não partilham deste ponto de vista. Lord Weinstock é citado como tendo dito:

> *Os sonhos têm lugar na gestão, mas precisam de ser rigorosamente controlados.*

É triste – e, do meu ponto de vista, não é a forma mais construtiva de pensar.

Não interessa se a sua decisão de mudar as coisas é forte; nada irá acontecer a menos que o faça acontecer. Como começar?

É tudo uma questão de escolhas

Em primeiro lugar, considere estas questões importantes:
- Sente-se feliz no seu emprego?
- Gosta do trabalho que faz?
- Gosta dos clientes que tem?
- É um comunicador confiante e bom a delegar?
- Tem tempo livre suficiente?
- Os seus clientes e colegas elogiam-no?
- Recebe recompensas suficientes pelo seu trabalho?

No início da minha carreira, quando era advogado, teria respondido negativamente à maior parte destas questões. Por isso, escolhi seguir uma carreira fora da advocacia, optando pelos negócios e consultoria. Se é necessária uma mudança para trazer realização pessoal à sua vida, então tem de encará-la seriamente. Aqui presumo que, independentemente do que faça, quer tornar a sua vida profissional um sucesso e a sua vida pessoal agradável. Se são os seus objectivos, então este livro irá ajudá-lo. A escolha é sua.

Obviamente, quanto mais velho for, ou "mais bem sucedido" possa parecer, mais difícil poderá ser fazer mudanças na sua vida. Mas estas podem ser feitas. A sua vida não é apenas o resultado das escolhas que faz; é igualmente o resultado das que não faz. Pode mudar as coisas se quiser; ou pode ir deixando as coisas acontecer "por defeito".

A mudança como oportunidade

É evidente que estamos a viver tempos de mudança dramática ao nível económico, empresarial e social. O aumento da concorrência é agora aceite como um facto da vida económica. A concorrência está a aumentar, não apenas porque a maior parte das organizações tem concorrentes mais directos, mas devido às alterações radicais nos mercados e às preferências dos consumidores. Roberto Goizueta afirmou um dia, quando era CEO da Coca-Cola, que esta representava apenas 50 dos dois mil gramas de líquidos bebidos diariamente pelos milhões que compõem a população mundial, dizendo: *O inimigo é o café, o chá, o leite e a água.* Seja qual for a forma como encara a questão, os dias em que qualquer empresa era capaz de ignorar a concorrência estão mortos e enterrados. Todas as empresas são agora empresas dinâmicas. A pressão é contínua. Como afirmou Gregory Rawlins: *Se não faz parte da máquina do rolo compressor, faz parte da estrada.*

Pode já conhecer a história dos dois vendedores de sapatos enviados para África há 50 anos. Um enviou um relatório para o escritório no qual dizia: *Todos os nativos andam descalços, por isso não há mercado*; enquanto o outro escreveu: *Todos os nativos andam descalços, por isso há uma enorme oportunidade para vender sapatos.* Perante as mesmas circunstâncias, um vê um problema e o outro uma oportunidade. Como George Bernard Shaw escreveu uma vez:

> As pessoas estão sempre a culpar as circunstâncias por aquilo que são. Não acredito em circunstâncias.
> As pessoas que têm sucesso neste mundo são aquelas que se levantam e procuram as circunstâncias que querem e, se não as conseguem encontrar, fazem-nas.

Ou como mais recentemente afirmou Mark Casson, da Universidade de Reading:

> Alguns são melhores do que outros a antecipar a resposta a um ambiente complexo e é quem possui esta capacidade que tem mais probabilidades, a longo prazo, de ter mais sucesso.

Encarar as mudanças que afectam o mundo empresarial apenas como um problema ou ameaça é uma reacção defensiva. Pelo contrário, deviam ser encaradas como oportunidades para sobressair, para explorar novos mercados, para aprender novas competências e para expandir (em vez de se conformar com) as crenças existentes e autolimitadoras defendidas pelos seus concorrentes. Durante demasiado tempo, muitos negócios estiveram presos numa espécie de mentalidade de "seguir o líder". De repente, estão a descobrir que nem sempre é a estratégia mais sensata, especialmente se o líder de mercado estiver a concorrer com o seu negócio.

Acredito que é melhor desenvolver o seu próprio sentido de singularidade. A maior parte das organizações gosta de dizer que é, de algum modo, diferente. A verdade é que isto é, na maior parte dos casos, um exagero. Olhe para qualquer indústria: a maioria dos "jogadores" mais importantes tem escritórios semelhantes, oferece padrões de serviço ao cliente idênticos, escreve cartas da mesma forma, paga aos colaboradores salários aproximados e gere as suas equipas de uma forma semelhante. Isto pode ser um exagero, mas a moral é óbvia. Não siga as "pegadas" dos outros, porque isso apenas o irá levar até à multidão: em vez disso, crie o seu próprio caminho.

Assumir o controlo

Uma área onde a dinâmica da mudança teve maior impacto foi junto dos clientes – as suas necessidades, expectativas e disposição para a infidelidade tornam as relações frágeis. No passado, a escolha do consumidor era mais limitada; as expectativas eram reduzidas e muitos consumidores "contentavam-se" com o que podiam obter facilmente. Como cliente, veja como há agora uma abundância de escolha mesmo em relação aos produtos simples: Quantos tipos de, digamos, sumo de laranja encontra no supermercado? Volta a comprar automaticamente o mesmo produto? Qual é o nível de mau serviço que suporta até mudar de fornecedor? As exigências e expectativas dos clientes colocam-nos na posição de poder. As organizações estão condenadas a fracassar, se não reconhecerem o poder do consumidor e basearem o negócio não em satisfazer as necessidades do momento, mas as necessidades como eram no passado.

Como é que isto influencia o indivíduo? Como o afecta a si? Se dominar as tendências, poderá continuar como dono do seu destino e irá assumir o controlo do seu negócio. Talvez precise de começar a pensar de uma forma diferente em relação ao seu negócio e às relações que mantém com os clientes e colegas, se quiser conquistar o que quer da vida.

Objectivo de vida: afinal do que se trata?

Embora as regras do jogo possam ter mudado, o objectivo continua o mesmo. O objectivo de vida é ser feliz e desfrutar dela tanto quanto possível. No entanto, muitos parecem falhar este objectivo e, assim, entram num jogo sem utilidade, concentrando-se unicamente em atingir estatuto social, reconhecimento ou abundância financeira. Como David Maister escreve em *True Professionalism*:

> *Todos os outros objectivos (dinheiro, fama, estatuto social, responsabilidade, realização) são apenas formas de o fazer feliz. Não têm valor em si mesmos.*

Que jogo está a jogar? Muitas organizações parecem pensar que o jogo se limita a atingir e a exceder os objectivos financeiros. Embora estes sejam importantes (ignorá-los pode levar à bancarrota), a procura exclusiva de objectivos financeiros mais altos consegue quase inevitavelmente ser a causa de insatisfação entre os que trabalham e dirigem negócios de todo o género.

Embora uma gestão financeira forte seja um elemento importante em qualquer negócio, não é o único objectivo. Não se coloque na posição de executar qualquer tarefa ou plano realizável apenas para ultrapassar o orçamento e fazer mais dinheiro. Irá vender-se por pouco. Deixe-me dar-lhe um exemplo.

Um participante num seminário não parava de falar com um formador da Hong Kong Management Association. Era um gestor expatriado, que tinha trabalhado para uma multinacional em Hong Kong durante muitos anos e que ganhara (e gastara) muito dinheiro. Agora queria desesperadamente voltar para a Grã-Bretanha. Mas não tinha casa lá (e os preços tinham aumentado astronomicamente durante a sua ausência) e gozava de um nível de vida que nunca poderia repetir na terra natal. Pior, a sua experiência era agora encarada como sendo tão especializada que todas as suas abordagens iniciais às organizações na Grã-Bretanha tinham sido rejeitadas. Estava efectivamente de mãos atadas. Tinha um emprego que começara a odiar e não podia sair dele. Estivera tão concentrado no sucesso que tinha conquistado no emprego, que perdera qualquer visão mais alargada. Tinha-se tornado um exemplo vivo de que ter uma fixação exclusiva no sucesso a curto prazo, e não elaborar um planeamento e desenvolvimento activo da carreira, não é receita para a satisfação no longo prazo.

O seu objectivo

Sendo o seu objectivo de vida ser feliz, a sua vida profissional devia ser um veículo para o ajudar a alcançar essa felicidade. Isto significa que precisa de um "mapa das estradas" e que tem de ser selectivo em relação às "estradas" que escolhe. Tem de definir alguns objectivos pessoais; por exemplo, decidir o que quer fazer com o tempo livre, quanto tempo quer passar em casa, de quanto dinheiro precisa para o ajudar ao longo do caminho. Depois, precisa de estabelecer alguns objectivos no seu negócio e tomar decisões sobre o tipo de trabalho de que gosta, a natureza dos clientes que quer servir e o tipo de ambiente em que quer trabalhar. Como disse a jornalista Katharine Whitehorn:

> *O melhor conselho para dar aos mais novos sobre uma carreira é: "Descobre o que mais gostas de fazer e arranja alguém que te pague para o fazeres."*

O conselho acima descrito é bom para qualquer idade. Os seus objectivos pessoais devem ditar os seus objectivos profissionais e não o contrário.

Já foi dito muitas vezes: faça o que gosta e o dinheiro virá a seguir. O mundo dos negócios não tem a ver com balanços ou organizações empresariais. Tem a ver com pessoas.

Lamentavelmente, mesmo nas escolas de Ciências Empresariais, apenas uma pequena parte da experiência educacional aborda esta questão ou ensina as necessárias "competências pessoais" para seguir em frente. Isto é particularmente verdade nos locais onde a atenção está centrada no aspecto técnico. Embora seja falso dizer que ninguém que seja, digamos, engenheiro, é um bom gestor de pessoas – há muitos que o são –, esta competência é frequentemente acrescentada mais tarde e não foi incluída na sua formação técnica.

No ensino, em muitas áreas, é colocada relativamente pouca ênfase nas competências de gestão, de *marketing* ou de comunicação. Isto é verdade em muitas partes do mundo. Até as competências básicas sofrem e muita da formação baseada em competências realizada dentro e fora da empresa é concebida para aumentar essas competências. Por exemplo, quando foi a última vez que teve de ler um relatório da empresa e desejou que o autor tivesse tido a competência de tornar a leitura um processo menos doloroso? Isto pode acontecer mesmo quando o conteúdo – depois de traduzido o palavreado – é importante ou interessante.

A questão é que, nestes tempos de mudança, as suas qualificações na área escolhida, embora sejam um pré-requisito para o sucesso, não serão suficientes para o levar onde quer ir na vida. Podem colocá-lo na linha de partida mas, tendo em consideração que há muitos outros que têm os mesmos conhecimentos, precisa de ser diferente e de se destacar da multidão. E se não o fizer acontecer, quem o fará?

Charles Handy, guru da gestão e escritor, coloca as coisas desta forma:

> Mais difícil do que perdoar aos outros é perdoar a si próprio. Isto acaba por ser um verdadeiro obstáculo à mudança. Nós como indivíduos precisamos de aceitar o nosso passado, mas depois de voltar-lhe as costas. Como o fazer?

Ser humano

A celebridade internacional em gestão desportiva e advogado Mark McCormark oferece uma resposta no livro *The Terrible Truth about Lawyers*:

> São as competências humanas que alcançam resultados práticos. São estas competências universais que um advogado de sucesso deveria ter em comum com um empresário de sucesso, um cientista de sucesso e qualquer um bem sucedido.

Ele tem razão. Qualquer um no mundo dos negócios tem de possuir as competências humanas. A forma como trata quem o rodeia, os seus clientes – os que existem e os que podem vir a existir –, os seus colegas, as suas referências, os seus fornecedores e, igualmente importante, a si próprio, é essencialmente o que o irá distinguir da mediocridade.

Há alguns anos, vi o filme *Patch Adams*. A história é baseada na vida e filosofia do Dr. Hunter Adams, um médico que utiliza métodos pouco convencionais de Medicina, nomeadamente o riso, para ajudar no processo de cura dos seus doentes. No filme, Adams é estudante numa escola de Medicina dirigida por médicos conservadores, convencionais, que sofrem de um síndroma comum – estão mais fascinados pela doença do que pelos doentes. Numa das cenas, todos os estudantes estão a fazer as rondas pelo hospital, acompanhando o especialista. O especialista pára ao lado de uma cama e, depois de olhar para o quadro que está aos pés da cama da doente, começa a fazer perguntas aos estudantes sobre a doença e o possível prognóstico. A doente é praticamente ignorada pelo especialista e parece assustada com as conversas sobre a sua frágil saúde. Ainda sem notar a presença da doente, o especialista pergunta aos estudantes se *Alguém tem perguntas?*, ao que Adams responde: *Sim, tenho – qual é o nome da doente?*

A moral devia ser óbvia: os seus "modos junto à cama" são muito importantes. Interesse-se realmente pelos seus clientes: paga dividendos.

O papel da gestão

Seja qual for a natureza do seu negócio, irá precisar de gestão. Muitos gestores, supervisores e administradores vivem em muitas organizações. Eles alargam as funções: produção, *marketing* e vendas, finanças, técnica, tecnologias de informação e o resto. Fornecem apoio nas relações humanas, na formação e num grande número de outros departamentos.

Para avançar, muitos negócios investem em programas sofisticados e muito caros, concebidos para os tornar na "vanguarda". Oferecem formação alargada e programas de desenvolvimento, pretendem abranger vários padrões (como as medidas internacionais de qualidade) e gabam-se de ter os recursos e os meios para criar "padrões de excelência".

No entanto, existe o risco de demasiados negócios procurarem tais técnicas como panaceias para todos os seus problemas. Embora algumas destas técnicas beneficiem inquestionavelmente alguns dos negócios que as utilizam, muitas delas não englobam as competências humanas referidas por Mark McCormack.

Apesar de estes programas melhorarem os sistemas e estabelecerem um *benchmark* para os padrões de serviço ao cliente, o seu impacto pode, no entanto, restringir a inovação e a criatividade. Demasiadas regras e regulamentos podem acabar por reger e regular comportamentos de uma forma indesejada. Talvez o seu negócio seja assim?

Como afirma David Freemantle, um dos principais escritores britânicos sobre gestão:

> *Não há nenhuma cura milagrosa para os problemas de gestão. De facto, não há nenhuma teoria nova sobre a gestão moderna. Nunca haverá e nunca houve.*

O que me recorda a fabulosa frase de H. L. Mencken: *Há uma solução óbvia para cada problema humano: simples, plausível – e errada!* Mas estou a divagar.

Deixe-me fazer um aviso. A gestão não tem a chave para o seu sucesso – você é que a tem. Não é da responsabilidade exclusiva de um qualquer gestor da sua organização criar lucros; nem é da responsabilidade exclusiva do seu gestor de *marketing* atrair, reter e desenvolver novos negócios; nem é da responsabilidade exclusiva do gestor de recursos humanos formar os seus colaboradores, fornecendo-lhes as competências que quer que possuam e utilizem.

Você partilha essas responsabilidades.

Se gere outros, deixe-os fazer o trabalho para o qual os contratou e respeite-os como profissionais que são, mas nunca "lave as mãos" de toda a responsabilidade por essas tarefas. Tem um interesse acrescido em fazer parte do sucesso desses profissionais.

As novas realidades e o futuro

O que sabemos é que o mundo empresarial de hoje está em rápida mudança. Já nada parece seguro. Fusões, *takeovers*, cortes no pessoal (que não são melhores por serem chamados de *downsizing*) e despedimentos são comuns no que se tornou um ambiente impiedoso. Como escreveu A. N. Whitehead, professor de Filosofia da Universidade de Harvard: *É o negócio do futuro ser perigoso*. Para sobreviver neste novo ambiente, as organizações precisam de ter uma cultura que seja suficientemente flexível para aceitar a mudança, mas que mantenha os valores tradicionais. Não é suficiente ter uma estratégia grandiosa, como a história seguinte torna evidente.

> *Era uma vez... um lobo. Era pouco asseado, andava sujo e geralmente maltrapilho. Vivia como podia, mas era encarado pelos outros animais como estando no fundo da escala. Odiava isso; queria ser bem visto e, depois de longas horas infrutíferas tentando descobrir como podia mudar a sua imagem, decidiu que precisava de ajuda.*
>
> *Pediu conselhos a um oricterope, a um papa-formigas e a um antílope. Nada; embora o antílope tenha sugerido que perguntasse ao leão, dizendo – afinal, é o rei da selva.*
>
> *Apesar de ser arriscado, mas estava desesperado, lá foi ele e – muito cuidadosamente – abordou o leão, dizendo –* Por favor ajude-me. Quero que gostem de mim, não quero ser encarado apenas como um maltrapilho; quero ser amado. O que posso fazer? Por favor aconselhe-me, Sua Majestade.
>
> *O leão ficou irritado com a interrupção, mas fez uma pausa e dispensou alguns minutos –* Devias tornar-te um coelho, *disse o leão*, toda a gente adora os coelhos. Acho que é por causa das orelhas compridas e dos olhos grandes. Sim, é isso, transforma-te num coelho. *O lobo fez o equivalente dos lobos a mostrar reverência, agradeceu ao leão e começou a afastar-se. Mas, quase imediatamente, surgiu-lhe um pensamento –* Espera um minuto, *como é que me torno um coelho?*
>
> *Voltou atrás, arriscou-se a interromper novamente o leão e disse –* Desculpe. Por favor desculpe-me, é uma magnífica ideia a sua a de me tornar um coelho, mas... como é que faço isso exactamente?

o nosso mundo

> *O leão ergueu-se em todo o seu tamanho, eriçou a juba e disse simplesmente:* Como rei da selva, preocupo-me com a estratégia – *como* o vais fazer cabe a ti descobrir.
>
> (Reproduzido, com autorização, de Hook Your Audience, Patrick Forsyth, editado por Management Pocketbooks)

As tácticas e a forma como se colocam em prática são sempre tão importantes como uma visão clara; e são as pessoas que fazem as coisas acontecer. As organizações de sucesso são as que colocam as pessoas em primeiro lugar e os outros resultados – incluindo a fidelidade dos clientes, o compromisso dos colaboradores, a qualidade do serviço e os lucros – seguir-se-ão.

> *Demasiados gestores assumem que o futuro irá parar e esperar até que estejam preparados para ele. Isso não vai acontecer.*
>
> Faith Popcorn

por que é que os empreendedores devem comer bananas

case study

Byron Bay Cookie Company

Gary Lines, juntamente com a sua mulher Maggie Miles, fundaram a Byron Bay Cookie Company em 1990. Juntos, começaram a fazer biscoitos numa casa situada numa pequena aldeia no Norte de Nova Gales do Sul, na Austrália, e vendiam-nos nos mercados locais. Em 2001, a empresa ganhou o prémio Telstra* para as pequenas empresas de Nova Gales do Sul. Hoje, a empresa tem mais de cem colaboradores, fazendo e distribuindo 40 mil biscoitos por semana, dos quais 30 por cento são exportados para a Grã-Bretanha.

Como começou a sua empresa?

Eu e a Maggie andávamos à procura de uma forma de escapar à vida citadina. Anteriormente, tínhamos vivido em Nova Iorque, Los Angeles e Sidney. Decidimos sair de Sydney e encontrar um sítio que oferecesse uma alternativa à vida na cidade. O nosso teste era encontrar um local onde pudéssemos beber uma boa chávena de café e conhecer pessoas que partilhassem os mesmos interesses que nós. Byron Bay, no Norte de Nova Gales do Sul, acabou por ser esse local. Depois de comprarmos uma casa numa aldeia próxima, Maggie começou a cozinhar biscoitos e a preparar compotas e sobremesas. Vendemo-los no mercado local durante quatro anos. Os biscoitos tiveram êxito. Começámos então a vender em cafés, depois de muitas recusas.

* **N.T.** Empresa de telecomunicações australiana.

Como fizeram crescer o negócio?

Em 1993, decidimos promover o nosso produto numa feira comercial em Brisbane. Na altura foi arriscado para nós, porque só tínhamos três variedades de um produto (agora temos 24.)

No entanto, apetrechados com um equipamento caseiro no valor de 300 dólares, tornámo-lo um sucesso. Fomos convidados para fornecer biscoitos a uma cadeia de 60 cafés. Ganhámos o negócio, mas ainda produzíamos a partir da nossa pequena casa. Disse ao cliente que precisávamos de três meses para criar uma fábrica em condições e arranjar alguns colaboradores. Ele concordou e entregámos a encomenda três semanas antes do final do prazo.

Tinha consciência do risco de concentrar 90 por cento do nosso negócio num só cliente. Tínhamos de aumentar a nossa base de clientes, por isso contactámos cafés por todo o país. Felizmente tivemos sucesso, em especial porque o nosso maior cliente acabou por escolher outro parceiro de negócios, preferindo o preço em vez da qualidade. Contudo, nessa altura, esta perda não afectou grandemente o nosso negócio.

Finalmente, escolhemos distribuidores para gerir o negócio que tínhamos desenvolvido com os cafés e para expandir, ao mesmo tempo, a nossa base de clientes. Funcionou e permitiu que me concentrasse no desenvolvimento da oferta e na melhoria do processo de fabrico.

Como começou a exportar?

Eu e a Maggie estávamos em Londres a fazer compras num armazém no centro de Londres, Harvey Nichols, quando vimos o produto de um concorrente numa prateleira. Pensámos que, se eles conseguiam vender ali, então nós também conseguiríamos. Tivemos a sorte de reunir com uma compradora que experimentou o nosso produto e ficou impressionada. Em poucos dias, fez uma encomenda e assim começou o nosso negócio na Grã-Bretanha. Agora, temos um escritório em Londres, empregamos seis colaboradores e temos um armazém. Vendemos os nossos biscoitos em Inglaterra, na Escócia e na Irlanda, mas continuam a ser fabricados em Byron Bay.

Que conselho dá aos potenciais exportadores?

Precisa de estar pronto para exportar. Ter uma base nacional muito segura e um *cash flow* sólido. Dadas as complexidades de lidar com culturas, sistemas legais e moedas diferentes, precisa de ter um profundo e completo conhecimento do que significa tudo antes de se envolver nesta etapa.

Qual foi o seu maior desafio?

Tivemos muitos. O primeiro foi convencer os donos dos cafés, que estavam habituados a vender bolos, que os biscoitos iam vender-se e não iriam prejudicar o negócio dos bolos. O segundo foi lidar com o desafio contínuo de ter capital suficiente para financiar o nosso crescimento. O terceiro foi recrutar distribuidores que acreditassem no produto e que o conseguiam vender como eu.

Finalmente, lançar o produto a nível internacional foi outro grande desafio.

Qual foi o maior risco que assumiu?

Não pensei muito nos riscos. Abrir um escritório e contratar colaboradores na Grã-Bretanha foi um grande risco. Passei muitas noites acordado a pensar nisso.

Que conselho daria a um jovem empreendedor?

Se passar toda a sua vida a matutar numa grande ideia, então nada irá acontecer. Tem de entrar na corrida e aceitar o ritmo. Os prémios na vida têm de ser entregues a alguém. Tenha consciência de que, quando começar, irá cometer erros. Precisa de trabalhar muito, continuamente. A persistência é provavelmente o elemento mais importante na vida, no amor e nos negócios!

Como conseguiu arranjar tempo para desfrutar a vida, para além dos negócios?

Não posso dizer que o fiz muito bem. O compromisso para desenvolver um negócio é enorme. Exige tempo, esforço e muito trabalho. Tenho dificuldade em relaxar quando estou de férias. Talvez precise de tentar encontrar uma forma de gerir o negócio que me permita ter uma estratégia consciente para saber parar e cheirar as rosas.

Para onde caminha agora?

A empresa está actualmente numa fase em que pode contratar uma gestão talentosa e dinâmica. O nosso plano a cinco anos prevê que a empresa atinja um volume de 20-30 milhões de dólares, em resultado da expansão das vendas globais em países como os EUA, o Japão, a China e a Índia. A empresa tem como objectivo expandir a oferta, centrando-se não apenas nos biscoitos mas também noutros alimentos. Planeamos crescer tanto horizontal como verticalmente.

▷ *A Byron Cookie Company está* on-line *em: www.cookie.com.au*

2 dominar a melhor prática

> *O mercado não respeita género, raça, cor ou sexo.*
> *Recompensa o engenho e o serviço quando os encontra.*
>
> JOHN KEHOE

No ambiente organizacional em que trabalha, há muitos tipos de pessoas, homens e mulheres de diferentes nacionalidades, provenientes de todo o mundo. Trabalham em grandes e pequenas organizações, fornecendo produtos e serviços, desde complexos sistemas de computadores de tecnologias de informação a produtos de consumo rápido (o tipo de produtos vendidos nos supermercados, da pasta de dentes às bebidas não alcoólicas) e serviços especializados, como a consultoria, e mais gerais, como as agências de viagens e as lavandarias. Entre aqueles que gerem ou ajudam a gerir tais negócios há aqueles que são excelentes, medíocres, desonestos, extrovertidos, introvertidos, alegres, tristes, casados, solteiros, divorciados, heterossexuais, homossexuais, deprimidos, alcoólicos, conscienciosos, generosos e mesquinhos. Há aqueles que têm conhecimentos numa variedade de áreas e os que são especialistas apenas numa área, talvez muito técnica.

O mundo dos negócios representa seguramente uma variedade de vidas, e os mercados nos países por todo o mundo continuam a crescer, a desenvolver-se, a mudar e a oferecer muitas oportunidades.

Oportunidades para crescer

As oportunidades de crescimento estão em todo o lado. À medida que os mercados e as economias mudam, também têm de o fazer as abordagens empresariais. Actualmente – e espero que isto não fique rapidamente desactualizado – estão a desenvolver-se muitas tendências.

> Parafraseando Sam Hill (cujo livro *Sixty Trends in Sixty Minutes* é uma perspectiva interessante), as tendências actuais incluem:
> - **A morte da demografia**: os grupos para quem o *marketing* tem tradicionalmente sido dirigido estão a modificar-se devido às mudanças sociais; o mesmo se passa com os meios de comunicação social utilizados.
> - **Atracção do nicho**: ser primeiro (ou segundo) no mercado que escolheu já não é a única forma de ter sucesso; cada vez mais organizações têm êxito através de um posicionamento "inferior" em mais mercados.
> - **Personalização das massas**: os clientes querem cada vez mais o que é certo para eles e estão menos encantados com os "produtos padrão".

- **Menos produtos, mais serviços**: muitas das novas áreas de crescimento não são produtos, são serviços (enquanto as grandes cadeias se debatem com dificuldades, as companhias áreas de baixo custo estão a crescer).
- **Explosão das marcas**: estão a aparecer cada vez mais marcas, em todos os sectores.
- **Preço desafiante:** todos esperamos conseguir negociar o preço e mais organizações estão a tornar as tabelas de preços mais complexas – os preços fixados por um longo período são coisas do passado. (Quanto lhe custou o último litro de gasolina? Qual é o preço actual? E quanto vai pagar da próxima vez que atestar o depósito?)

Uma coisa é certa: sejam quais forem as tendências do momento, haverá sempre tendências no futuro. Os negócios e quem está envolvido nos mesmos têm de reconhecer as tendências futuras ou, melhor ainda, antecipá-las e lidar com elas – encontram-se muitas vezes novas oportunidades quando se aproveitam estas novas tendências.

Trabalhar demasiado para muito pouco

Como é óbvio, o mundo dos negócios tem os seus vencedores ao nível financeiro. Bill Gates é muitas vezes citado como sendo o homem mais rico do mundo – o empreendedor mais rico do mundo. Mas, para outros, as recompensas variam muito e dependem de diferentes sectores de negócios, de diferentes partes do mundo e dependem de cada factor que diferencia uma organização de outra. Em alguns casos, o salário que um indivíduo leva realmente para casa espantaria muitos: muitas vezes, a percepção sobrestima a realidade.

Pondo de lado a questão do dinheiro, muitos daqueles que trabalham nas empresas sofrem de dois grandes problemas – têm demasiado trabalho e muito *stress*.

Num relatório recente, o professor Cary Cooper da Universidade de Manchester estimou que a Grã-Bretanha perde anualmente 30 milhões de dias de trabalho devido a doenças relacionadas com o *stress*, o que tem um custo superior a dois mil milhões de libras. Isto representa um problema importante, que a maioria dos comentadores considera estar a piorar. E, além dos dias afastados do trabalho, o que dizer em relação às dificuldades, más decisões e produtividade desastrosa de quem está "stressado" *no* trabalho? O *stress* tem sido definido como: "A reacção não desejada a uma situação que é encarada como uma potencial ameaça ao seu bem-estar físico ou psicológico." E, no século I d.C., Epicteto escreveu:

> *O que perturba os homens não são as coisas, mas os juízos que os homens formulam sobre as coisas.*

Qualquer análise sugere que a solução está, em grande parte, nas nossas mãos.

Examinar a sua própria situação devido a estas tendências globais levanta uma pergunta simples: Quer tentar fazer muito dinheiro e matar-se durante o processo? Se é o caso, então ponha este livro de lado e vá para Hong Kong, Singapura, Nova Iorque, Londres ou qualquer outro local que, de onde está sentado, pareça ter a "relva mais verde" e onde os salários elevados façam parte da cultura.

Como posso encontrar o equilíbrio?

No entanto, se quiser ter algum tipo de perspectiva e equilíbrio na sua vida, continue a ler.

dominar a melhor prática

Para atingir esse objectivo, tem primeiro de colocar a si próprio as seguintes questões:
- Com quem gosto de trabalhar (e com quem não gosto)?
- Que tipo de trabalho me realiza (e qual é que não)?
- Por que razão não tenho tempo suficiente para a família e amigos?
- Onde gostaria de trabalhar? Na cidade? No campo? Em casa? Numa organização grande ou pequena?
- Quando fico "stressado"?
- Por que fico "stressado"?
- Por que faço o que faço?

Este exercício exige que seja muito honesto consigo próprio. Pode ajudar fazê-lo com alguém "independente" em quem confia e que poderá questioná-lo sobre as suas respostas e ajudá-lo a caminhar na direcção certa. Pode ser um amigo ou colega, mas tem de ser honesto consigo.

Pode acontecer que, em resultado das suas respostas, considere algumas das seguintes opções:
- Procurar uma nova carreira, onde faça algo que acredita que irá gostar muito mais do que o que faz no seu emprego actual.
- Desenvolver conhecimentos em novas áreas e competências, aumentando o seu valor junto do seu empregador.
- Trocar a grande empresa por uma mais pequena (ou vice-versa).
- Mudar a localização geográfica do seu trabalho.
- Começar o seu próprio negócio.
- Desenvolver novos negócios sob a protecção do negócio central.

- ◆ Mudar-se para um negócio onde se relaciona com diferentes categorias de clientes.
- ◆ Reduzir a sua carga de trabalho e trabalhar a tempo parcial ou com um horário flexível.

Esta lista não é exaustiva e nenhuma destas estratégias é mutuamente exclusiva. Para mais opções, recomendo um estudo da literatura sobre gestão de carreira e mudança de carreira. Pode encontrar inspiração nos títulos que consultei para escrever este livro (veja a Bibliografia).

O que é importante para si?

Anteriormente, levantei a questão do objectivo de vida – ser feliz. Como sugeri, o seu trabalho é um veículo para o ajudar a alcançar esse objectivo. Por isso, o que o fará feliz? Dinheiro? Saúde? Realização pessoal? Relações? Aventuras? Talvez seja tudo isto ou mais.

Seja qual for a sua resposta, o seu trabalho deverá ser uma personificação do que o faz feliz. Deverá:
- ◆ Ser rentável.
- ◆ Permitir exercício físico diário.
- ◆ Oferecer-lhe a oportunidade de alcançar algo.
- ◆ Deixar-lhe tempo para se relacionar com aqueles que são mais importantes para si.
- ◆ Satisfazer o seu sentido de aventura.

Talvez o critério mais importante para a maioria seja o dinheiro – é como o oxigénio: quando precisa dele, precisa mesmo dele! Para obter muitas das coisas importantes na vida, como uma casa, a educação dos filhos e férias, precisa de dinheiro. As coisas essenciais, bem como os luxos, vêm com a etiqueta do preço. Por isso, o desafio permanece: como construir uma carreira próspera que o satisfaça pessoal e profissionalmente e que, contudo, lhe dê a liberdade que o dinheiro compra.

Trabalhar de forma mais inteligente e não durante mais horas

Muitos pressupõem que se trabalharem muito irão ganhar esta liberdade. Alguns pensam que "queimar as pestanas" irá impressionar os seus superiores e ajudá-los na carreira. Mas trabalhar muito e estar ocupado sem agir de modo a tentar concretizar alguns objectivos claramente definidos não é a estratégia mais inteligente para alcançar este fim. Esta é uma estratégia escrava.

A menos que sejam completos aduladores ou viciados no trabalho, não podem realmente dizer que gostam do que estão a fazer. Mesmo se o dinheiro for o único objectivo, esta é uma estratégia errada. Se trabalhar muito no seu emprego, irá conseguir ter uma vida decente; se trabalhar de forma mais inteligente, poderá fazer uma fortuna.

Os mais inteligentes são eficazes a delegar e, consequentemente, têm tempo livre suficiente para se concentrar em questões-chave e fazer aquilo de que gostam. Pelo contrário, os que trabalham mais horas e que estão a ser escravizados no escritório, são mártires por uma causa – na qual muitas vezes não têm participação!

Consegue sempre localizar os que trabalham de forma mais inteligente pelos seguintes atributos:

São conhecidos como especialistas em algum assunto
Apreciam o facto de que, quanto mais se distinguem dos outros (bem como os seus produtos e a sua organização), mais provável é que tenham menos concorrentes e que o seu negócio seja mais rentável. Compreendem que, quanto mais se oferece o que todos os outros oferecem, maior será a sensibilidade dos clientes a questões de preço.

Passam mais tempo a tentar melhorar o seu negócio do que a trabalhar nele
Utilizam algum tempo do seu horário preenchido para pensar em formas de melhorar o seu negócio, não se limitando a trabalhar nele. Lutam criativamente para encontrar novas formas de trabalhar mais eficazes e eficientes.

Possuem um sentido de objectivo
Esta é a sua estratégia pessoal ou o "mapa das estradas" para o seu sucesso. Não estabelecem objectivos autolimitadores para si próprios. Pensam em quem são e para onde vão.

Lutam para ser excelentes em tudo o que fazem
Reconhecem que, se não estiverem a melhorar no que fazem, em termos reais estão a piorar. O seu valor para a entidade empregadora e para outros irá diminuir, se não lutarem pela excelência em tudo o que fazem. Perguntam a si próprios: *Qual é a competência que, se excelentemente demonstrada, terá mais impacto na minha carreira?* E, tendo-a identificado, fazem algo para a desenvolver.

Deixam os clientes em melhor situação do que quando os conheceram
O seu trabalho só está terminado com sucesso quando a posição dos seus clientes melhora graças ao que lhes entregaram, não quando enviam a conta e encerram o processo! É este o seu valor, não as horas que colocaram nele.

Aprendem a dizer "não"
Não podem ser tudo para todos. Aprendem a abandonar o ponto mais baixo do mercado e libertam-se para servir o ponto mais alto. Sabem que haverá muitos que tomarão conta do ponto mais baixo. Muito poucas empresas servem todo o mercado: encontrar o(s) segmento(s) certo(s) ou nicho(s) e fazê-lo(s) funcionar é uma estratégia sólida.

Estão orientados para a acção
Muitos no mundo dos negócios vivem num mundo de sonho; mas não aqueles que trabalham de forma inteligente. Realizam as suas expectativas e aspirações, porque fazem planos e agem de forma apropriada e ponderada.

> Estão em grande forma porque têm:
> - **Competências**: continuam a aprender e, portanto, continuam a melhorar o que fazem.
> - **Saúde:** estão excelentes. Uma boa dieta e exercício físico regular promovem a saúde, que lhes dá a energia de que precisam para atingir os seus objectivos.
> - **Atitude**: Henry Ford disse uma vez: *Quer pense que pode fazer uma coisa ou pense que não a pode fazer, tem sempre razão*. Os mais inteligentes pensam que podem fazer coisas. Concentram-se nos aspectos positivos, não nos negativos, e procuram soluções em vez de se concentrarem nos problemas.
> - **Persistência:** apesar das contrariedades ocasionais, nunca desistem. Quando me sinto em baixo, penso num homem que nunca desiste, o orador internacionalmente conhecido W. Mitchell. A sua persistência é inspiradora. Mitchell sofreu duas grandes contrariedades na vida: uma foi um acidente de moto que o deixou

com queimaduras em 60 por cento do corpo; a outra foi um acidente de avião que o deixou paraplégico. Apesar das suas terríveis lesões, fez algo especial com a sua vida e hoje inspira milhares em todo o mundo com a sua mensagem simples, mas profunda: *Não é o que lhe acontece que importa, mas o que faz em relação a isso.*

◆ **Entusiasmo:** a palavra "entusiasmo" vem do grego *en theos*, que significa "Deus interior". Como disse uma vez o filósofo norte-americano Ralph Waldo Emerson, *nada importante foi alguma vez alcançado sem entusiasmo*. Melhor ainda, o entusiasmo é contagioso.

Qual é a sua filosofia?

Aquilo em que acredita e aquilo a que dá valor determina a forma como actua diariamente. Se quiser mudar a forma como age, precisa de examinar as suas crenças e a sua filosofia sobre o trabalho. Tudo começa em si. Analisar quem é e o que quer ser é essencial para chegar ao topo na área que escolheu. Na maior parte das organizações, quando chega ao topo a visão é muito boa. A chave para conseguir lá chegar é trabalhar de forma mais inteligente, não durante mais horas.

Estabeleça objectivos ambiciosos

Geralmente, na minha antiga profissão, os advogados consideravam que tinham "chegado ao topo" quando recebiam um convite para ser sócios. Noutros tipos de empresas, pode acontecer que um lugar na administração tenha as mesmas conotações. Embora existam, inquestionavelmente, privilégios e benefícios neste tipo de posição, também há grandes responsabilidades. Actualmente, o estatuto de fazer parte de uma administração não é o que era há 20 anos. O que é importante é estabelecer objectivos para além de apenas alcançar um determinado nível na hierarquia e olhar para novas formas de agir.

Uma vez ouvi uma intervenção de Jay Abraham, um dos gurus norte-americanos do *marketing*, num simpósio em Los Angeles. Ele fez esta observação importante:

Não limite a sua visão de si próprio ou do seu negócio.

Abraham realçou que muitos "desenham uma linha na areia" para além da qual eles ou os seus negócios nunca irão evoluir. Quando limitam a estratégia e a visão, nunca atingem o seu verdadeiro potencial. Como resultado, roubam efectivamente os potenciais clientes, que ficam privados da oportunidade de dispor de fornecedores inovadores, e, em última análise, roubam-se a si próprios.

Olhe para além das normas existentes na sua indústria e tente encontrar novas formas de agir, que irão ajudar os seus clientes e afastá-lo da concorrência.

Nunca se deixe influenciar demasiado por aquilo que os seus pares podem pensar dos seus planos. O que os seus clientes pensam é muito mais importante. São os que apresentam as oportunidades para manter o seu negócio e a sua carreira vivas. Caso se contente com solidez, segurança e em ser o segundo, o seu trabalho irá tornar-se entediante e cansativo.

Não se esqueça de delegar

Evite agarrar-se ao trabalho que pode delegar e saia da armadilha de actuar sem considerar alternativas.

Esta prática comum é de facto pouco saudável e ineficiente: pouco saudável, porque se arrisca a entrar numa "velocidade de cruzeiro" complacente e a privar os elementos da sua equipa da oportunidade de crescer; ineficiente, porque está a trabalhar em matérias que podiam ser feitas por alguém menos experiente (e talvez menos dispendioso), quando podia estar a fazer algo mais importante.

> Há muitas razões inválidas para não delegar, nomeadamente:
> ◆ O receio de que as coisas corram mal.
> ◆ A convicção de que ninguém é capaz de fazer melhor.
> ◆ O receio de que o *farão* melhor.
> ◆ Agarrar-se a tarefas favoritas, independentemente da sua importância ou de poderem ser delegadas.

Tem de lidar com estas razões, se quiser criar práticas laborais realmente eficazes, tanto para si como para os seus colaboradores.

Compreenda o seu valor!

Muitos ainda não aceitaram esta forma de pensar; a sua resposta errada à concorrência tem sido concorrer ao nível dos preços e dos descontos. No entanto, a não ser que esteja num mercado de bens, esta resposta raramente se justifica. Afinal, os consumidores avaliam as coisas, pelos menos em parte, pelo que pagam por elas. Quanto mais pagam, melhor pensam que será (e assim deveria ser!). Desde que lhes dê uma razão para pagarem o seu preço, e entregue o que prometeu, todos podem ficar felizes.

Há quase 150 anos, o filósofo inglês John Ruskin alertou para os perigos de pagar pouco por algo de valor:

dominar a melhor prática

> *É desaconselhável pagar demasiado, mas é pior pagar de menos. Quando paga demasiado, perde apenas um pouco de dinheiro. Quando paga de menos, por vezes perde tudo, porque o produto que comprou é incapaz de concretizar aquilo para o qual foi comprado. A lei comum da prática dos negócios proíbe pagar pouco e ter muito... não é possível. Se lidar com a oferta mais baixa, é aconselhável acrescentar algo para o risco que corre e, se o fizer, terá o suficiente para pagar por algo melhor.*

Praticar a melhor prática tem a ver com compreender o seu valor; melhorar o que você, a sua organização e os seus produtos ou serviços valem; entregar valor; e cobrar por isso! Quando o fizer, estará no bom caminho para ser tornar uma estrela no mundo dos negócios.

por que é que os empreendedores devem comer bananas

case study

Netcare Group

O Dr. Jackie Shevel é o fundador do Netcare Group, um negócio da área da saúde com sede em Joanesburgo, na África do Sul. De origens humildes, possui actualmente 62 hospitais, 7.200 camas e 319 salas de operações, e emprega mais de três mil médicos especialistas. O grupo está cotado na Bolsa de Valores de Joanesburgo e tem um volume anual de 6,5 mil milhões de rands.

Como começou a sua empresa?
Na verdade, foi por acaso. Fui para a escola quando era muito novo. Acabei também muito cedo e era demasiado jovem para cumprir o serviço militar obrigatório. Tenho ascendência lituana, onde a educação é muito importante. O meu pai insistiu para eu ir para a universidade, e estudei Medicina. Depois de ter acabado o curso, comecei a exercer. Na altura, estava a trabalhar numa clínica que tinha apenas sete camas. Gostava do que fazia, mas gostava mais do lado administrativo. Costumava envolver-me na assinatura de cheques e na verificação do correio, mas não tinha conhecimentos formais de Gestão. A clínica teve problemas desde o início, por isso desenvolvemos uma estratégia para a fazer funcionar e decidi pedir emprestados dez mil rands para comprar a clínica.

dominar a melhor prática

Qual era a sua estratégia?

Vi uma oportunidade no mercado e envolvi desde o início outros médicos num modelo de parceria. Uma vez assegurado o seu compromisso, tivemos um volume garantido. Deste modo, não precisei de muito capital para começar o negócio. No primeiro ano, tivemos um volume de 99 mil rands e, no segundo, de 1,4 milhões de rands. Procurámos então hospitais que estivessem em dificuldades financeiras. Íamos aos seus bancos e conseguíamos uma moratória nos pagamentos.

Como consequência, parei de exercer Medicina, para poder gerir a administração do hospital a tempo inteiro. Em quatro ou cinco anos, tínhamos seis hospitais, quatro dos quais tinham saído de uma restrição cautelar. Recuperámo-los e resolvemos os problemas. Concentrámos as nossas energias nos médicos. Víamos os médicos como nossos clientes e os cuidados médicos como o nosso produto. Procurávamos médicos com capacidades interpessoais e não apenas técnicas. Médicos que podiam transmitir confiança aos doentes, a maior parte dos quais não seria capaz, de qualquer modo, de reconhecer se o médico era bom tecnicamente ou não.

O que o inspirou a criar o negócio?

O divertimento de vencer, de ver o *puzzle* e o plano a juntarem-se.

Qual foi o maior risco que assumiu?

Temos sido muito críticos em relação à política governamental e, de facto, levámos o Governo a tribunal. Lutámos pelo que acreditamos que é correcto e tivemos sucesso ao ganhar o caso. Se tivéssemos perdido, as implicações poderiam ter sido terríveis.

Qual tem sido o segredo do vosso sucesso?

A nossa filosofia tem sido fazer coisas simples, acessíveis, que são do interesse da empresa. Funcionamos com três princípios orientadores e que não são negociáveis: honestidade, integridade e confiança. Queremos ser um empregador reconhecido; pagamos bem, para que o pessoal médico escolha bons colaboradores para trabalhar sob as suas ordens. Rodeei-me de pessoas de qualidade, que trabalham bem e em quem investimos.

Temos de ter cuidado com o nosso dinheiro, oferecer um bom serviço sete dias por semana, 365 dias por ano. Criámos as nossas próprias estratégias de liderança e de disciplina. É preciso ter mais do que uma. Queremos um misto do produto melhor e mais seguro, parcerias com médicos, eficiência operacional e crescer com pessoas motivadas. Isto exige compromisso e liderança. Tem de existir um incentivo através de recompensas. Talvez mais importante, tem de ser divertido. A nossa reputação é muito importante. Uma vez manchada, desaparece para sempre. Por isso, sou fanático em relação à nossa reputação. É uma questão simples; no entanto, fez-nos passar, em sete anos, de uma empresa que valia dez mil rands para uma que vale 10,5 mil milhões de rands.

Em que é que são diferentes?

Temos dois grandes concorrentes, nenhum dos quais tem falta de dinheiro. Quando começámos, éramos os mais pequenos. Pedi dinheiro emprestado e, em determinada altura, tínhamos dívidas elevadas – cem milhões de rands.

Tecnicamente, estávamos insolventes. No entanto, para ter êxito, tínhamos de desenvolver uma forte presença no mercado. Ser capazes de conquistar o mercado era importante, por isso olhámos para os Estados Unidos para estudarmos novas ideias.

Para nos diferenciarmos, concentrámo-nos na nossa capacidade de cuidar das pessoas. Desenvolvemos programas de modificação de comportamentos para médicos e enfermeiros, para termos a certeza de que podiam fornecer cuidados de qualidade ao preço mais baixo. Desenvolvemos a responsabilidade económica junto da administração e do pessoal e, ao mesmo tempo, oferecemos incentivos com base no desempenho. A minha missão é tornar todos os meus sócios milionários. Com os médicos e o pessoal que temos, fizemos mais de três mil até agora!

Como conseguiu equilibrar a sua vida pessoal com o trabalho?

Se o negócio é divertido, os níveis de *stress* são baixos. Se não é divertido, os níveis de *stress* são elevados. No ano passado não foi muito divertido, por isso decidi reformar-me do cargo de CEO, para poder passar mais tempo com a família. Foi difícil e exigiu muitas horas. Muitas vezes cheguei a casa depois dos meus quatro filhos já estarem a dormir. Até certo ponto, talvez eles também tenham sofrido. Crescem tão depressa, já são crescidos antes de darmos por isso!

Há alguma coisa que gostaria de ter feito de outra forma?

Nada. Faria tudo da mesma forma. Tem sido divertido. Tivemos de enfrentar muitas batalhas. Mas partimos do princípio de que, se mantivéssemos a moral elevada, a justiça iria prevalecer. Tem sido um conto de fadas numa montanha russa.

▷ *A Netcare está* on-line *em: www.netcare.co.za*

3 relação com os clientes actuais

> *Um produto especial pode torná-lo competitivo. Serviços diferentes podem distingui-lo. Mas apenas as relações cuidadosamente construídas irão criar uma empresa inovadora.*
>
> ALAN WEISS

É fácil subestimar o que é necessário para manter e desenvolver os seus clientes. Há algum tempo, uma entrevista televisiva com o falecido Professor Fred Hollows modificou a minha forma de encarar este processo. Ele era um oftalmologista da Nova Zelândia que devolveu a milhares, de todo o mundo, a capacidade de visão. Em especial, lançou um programa nacional para atacar as doenças dos olhos dos aborígenes australianos. Fez a diferença na vida de muitos, introduzindo técnicas cirúrgicas simples em pessoas que não podiam pagar os cuidados oftalmológicos básicos, especialmente das comunidades aborígenes. Irei sempre lembrar-me dele a dizer que o seu objectivo na vida era *"servir"*.

Fred Hollows não tinha problemas na relação com os clientes. Era claro quanto ao seu objectivo e a paixão pelo trabalho deu-lhe o reconhecimento que merecia.

Todos podemos aprender algo com o exemplo de Fred Hollows. Se passássemos menos tempo a pensar em reuniões de orçamento e mais tempo a pensar em como podemos ajudar os outros, o nosso mundo e o mundo à nossa volta seriam melhores. Ajudar os outros a conseguir o que querem é a melhor maneira de conseguir o que quer. Esta deveria ser a motivação que fundamenta todas as relações comerciais que tem com um cliente.

O que têm as vendas de especial?

Como advogado, nunca fui ensinado a vender. Os polícias eram os meus vendedores, que forneciam um fluxo contínuo de negócio para a minha actividade. Mesmo os advogados que exercem nas áreas lucrativas do Direito Financeiro e Comercial raramente são ensinados a vender. No entanto, por definição, cada advogado precisa de ser um vendedor; o mesmo acontece com quem quer ter um negócio de sucesso.

A mera menção da palavra "vender" faz com que alguns criem uma imagem errada. Tendem a não se encarar a si próprios como vendedores e associam a palavra "vender" a quem vende produtos ou serviços nos quais não acredita, ou cuja única motivação é aceitar a sua encomenda e fazê-lo desfazer-se do seu dinheiro. Os cépticos podem argumentar que esta descrição se aplica a alguns vendedores, mas não a todos – os melhores vendedores reconhecem que têm melhores resultados se encararem as vendas como uma forma de ajudar as pessoas a comprar. Então, qual é a verdade sobre as vendas? Aqui estão algumas declarações que o devem tornar menos sensível relativamente à ideia de vender.

Como Keith Abraham explica no seu livro *Creating Loyal Profitable Customers*, existem dois tipos de vendedores.

relação com os clientes actuais

> Em primeiro lugar, existem aqueles que "forçam os produtos", e que têm as seguintes características:
> - Não constroem relações com os clientes.
> - Mantêm uma fraca ligação entre comprador e vendedor.
> - A sua integridade e credibilidade são duvidosas.
>
> Por outro lado, existe um tipo diferente de vendedores que são os "fornecedores de soluções" e que têm as seguintes características:
> - Criam relações com os clientes.
> - Têm interesse em ajudar os clientes a alcançar os seus objectivos.
> - Estão em constante progressão pessoal, de forma que os clientes consideram os seus conhecimentos um bem valioso.
> - Têm integridade e credibilidade.
> - Não dizem apenas aos clientes o que é o produto ou serviço (por exemplo, *Faço planeamento imobiliário*) – explicam os benefícios e mostram o que farão por eles (por exemplo, *Posso ajudá-lo a reformar-se rico*).

Nos mercados instáveis e exigentes, é a segunda categoria de vendedores que consegue melhores resultados.

Vender não são apenas técnicas de fechar negócios ou recolher facturas; de facto, as abordagens padronizadas e a utilização de técnicas explícitas de vendas difíceis podem fazer com que os outros deixem de prestar atenção com demasiada rapidez. No entanto, a sua capacidade para ouvir e compreender as preocupações de um cliente é uma parte essencial da comunicação e da construção de uma ligação forte. Os cursos de vendas que estão organizados de acordo com este objectivo e que conseguem ajudá-lo a desenvolver competências nesta área, têm muito valor.

por que é que os empreendedores devem comer bananas

O mais fácil é vender algo uma vez; o desafio é fazer com que os clientes continuem a querer o produto repetidamente. Questiono-me quantas fichas terá no seu escritório de clientes que usaram o seu produto uma vez e nunca mais voltaram a comprar. Interrogou-se por que não voltaram a querer fazer negócio consigo? Por exemplo, uma empresa que conheço tem uma série de fichas no gabinete de vendas etiquetadas NAPMINN. O quê? Significa "No Ano Passado Mas Infelizmente Neste Não" e representa um sistema para evitar que tal aconteça.

Estudos norte-americanos sugerem que 68 por cento dos consumidores andam de loja em loja e fazem as suas compras noutro lado devido a uma atitude de "indiferença" do vendedor para com os clientes. Por outras palavras, se os compradores não sentirem que eles ou os seus negócios são valorizados, não compram.

> Outros motivos mencionados são:
> ◆ Insatisfação com a qualidade ou serviço (14 por cento).
> ◆ Preço (9 por cento).
> ◆ Outras relações (5 por cento).
> ◆ Alteração de morada do cliente (3 por cento).

Repare na relativa pouca importância do preço. Talvez muitas organizações criem clientes indiferentes porque ainda estão muito ocupadas a perseguir potenciais clientes, em vez de se preocuparem com os que já têm. Estudos recentes realizados na Grã-Bretanha sugerem que um terço das empresas nem sequer sabe que proporção dos seus novos negócios vem dos clientes que já têm!

Como evitar que os seus clientes entrem no estado de indiferença?

Compreenda a regra dos 80/20

A maioria que teve um negócio mais de dez minutos teve provavelmente a regra dos 80/20 a martelar na cabeça. (Como meio de consolação para os que não conhecem a regra dos 80/20, tenho de admitir que nunca tinha ouvido falar nela até ter completado os estudos de pós-graduação. Como muitos, descobri que este tipo de ensinamentos não está incluído na educação escolar).

A regra dos 80/20 é também conhecida como o "Princípio de Pareto". Vilfredo Pareto foi um economista italiano do século XIX, que descobriu que 80 por cento do volume de produção tinha origem somente em 20 por cento dos produtores. Levando esta filosofia mais longe, significa que 80 por cento dos seus rendimentos vêm de 20 por cento dos seus clientes, 80 por cento dos seus problemas no escritório têm origem em 20 por cento dos seus colaboradores e 80 por cento das suas dores de cabeça têm origem em 20 por cento dos seus clientes! Alguns homens de negócios questionam esta regra. Obviamente, aplica-se menos a alguns negócios do que a outros e alguns consideram que 60/40 é mais realista. Contudo, há uma correspondência suficientemente próxima para o tornar um princípio digno de registo.

A questão é que terá clientes que o apreciam a si e ao seu serviço mais do que outros, e que ficarão consigo nos bons e nos maus momentos. São uma boa fonte de referências, são consistentemente mais rentáveis, pagam as contas rapidamente e são mais agradáveis de trabalhar do que outros. Estes clientes são a âncora do seu negócio e são aqueles a quem deveria estar a dedicar o seu tempo. Chame-lhes clientes "A".

A maior parte das empresas dedica geralmente a maioria dos seus esforços a criar novos negócios a partir dos clientes existentes, incluindo os seus clientes A.

> É uma boa ideia catalogar os clientes na sua base de dados (se não tiver base de dados, não entre em pânico, continue a ler) e classificá-los da forma que se segue:
> - Clientes "A" – clientes acima descritos.
> - Clientes "B" – os que, a longo prazo, têm potencial para se tornarem clientes A.
> - Clientes "C" – clientes que utilizam os seus serviços apenas uma vez.
> - Clientes "D" – clientes que o fazem perder tempo.

Assumindo que tem uma maioria de clientes A ou B, é preferível construir uma relação com eles primeiro, antes de gastar o seu tempo, dinheiro e energia tentando "melhorar" um cliente C ou D. Também é potencialmente mais produtivo do que gastar tempo a perseguir um novo cliente, que está, de qualquer modo, a ser abastecido por outro fornecedor.

Obter novos negócios de clientes já existentes é muito menos dispendioso do que conquistar novos negócios de novos clientes. Acima de tudo, consegue-o fazer porque estabeleceu uma relação com o cliente, que acredita e tem confiança em si. Por isso, certifique-se de que agarra as oportunidades com os clientes A e B existentes, antes de conquistar novos.

Criar valor emocional

Alan Weiss, guru da consultoria, afirma que a chave para o sucesso num negócio do tipo da consultoria é criar relações com os clientes. Parece-me um bom conselho para qualquer negócio.

O *Dicionário Macquarie* define "relação" como "uma ligação emocional entre pessoas, envolvendo por vezes relações sexuais." Mas não pretendo oferecer explicações sobre como alcançar a segunda metade desta definição! Embora seja perfeitamente possível e apropriado relacionar-se a nível emocional com um cliente (*gosto de trabalhar com esta pessoa*), um pouco de precaução é necessária quando se trata de *amar os seus clientes até à morte*. O que é exigido é essencialmente algo mais prático – uma relação que é apropriada e útil para ambas as partes.

No entanto, a importância de estabelecer uma ligação emocional com os potenciais e actuais clientes tem de ser enfatizada. O escritor inglês David Freemantle afirma que:

> *Quando não há valor emocional numa relação, não existe efectivamente uma relação; na melhor das hipóteses, há uma interacção acidental e momentânea, quando um cliente faz uma transacção e se afasta... as empresas que têm sucesso consistente nos negócios superam-se, ao acrescentarem valor emocional a virtualmente tudo o que fazem.*

É fácil que um fornecedor, muito à vontade no seu negócio, imerso nas suas especificidades e querendo ser visto como especial, pareça distante, arrogante e desinteressado. Embora compreender a fronteira entre ficar demasiado próximo de um cliente e uma ligação emocional seja um começo, ainda há muito que podemos fazer para criar uma percepção mais positiva acerca dos nossos produtos e serviços e dos benefícios de trabalhar connosco. É uma que traz activamente sucesso para os negócios.

101 grandes ideias para fazer crescer o seu negócio e melhorar a sua vida!

Enumeradas a seguir e nos próximos capítulos estão mais de cem ideias que não só o ajudam a promover o seu negócio, como também lhe podem dar uma maior satisfação profissional. Têm como objectivo ser importantes por si mesmas, mas também são escolhidas como exemplos de mentalidade que é necessário ter. Se o encorajarem a pensar em variações destes temas ou o incentivarem a criar as suas próprias ideias adicionais, melhor ainda.

As ideias neste capítulo centram-se em criar relações mais fortes com os clientes que já tem.

Ideia #1
Seja claro sobre o valor que traz aos seus clientes
Muitos dão pouco valor ao trabalho que têm, para além da tarefa que estão a executar. Têm tendência a concentrar-se mais nas características do seu produto ou serviço, do que nos benefícios ou valor para os clientes. Pegue numa brochura ou passe os olhos pelos anúncios das Páginas Amarelas e percebe o que estou a dizer. É uma questão realmente crítica. Coloque-se por um momento na posição de um cliente e imagine o que seria, primeiro, comprar um carro e, depois, ser um dos seus clientes.

Quando pensa em comprar um carro, pode apreciá-lo de várias formas: pode sentir o conforto dos assentos, cheirar o interior de pele e fazer-lhe um teste de condução. O carro poderá ter uma tabela de preços fixa. E é óbvio para si se tem uma avaria: o motor não arranca, o tubo da gasolina rompeu-se ou a aparelhagem funciona mal. Nesta situação, raramente leva as coisas a peito, dado que o carro é produzido numa fábrica. O carro pode ter uma garantia que cobre avarias como estas e isso dá-lhe protecção e confiança quando compra.

Pelo contrário, quando pensa em pedir conselhos a um fornecedor de serviços, não consegue "sentir" o serviço. Não pode "sentir" o conselho, "cheirar" o conselho ou até mesmo fazer-lhe um teste de condução. Na maior parte dos casos, o serviço não tem uma tabela de preços para além da taxa à hora. É muitas vezes impossível para si detectar quando o conselho que lhe dão é mau. Se o conselheiro não consegue entregar aquilo que prometeu, então, ao contrário da avaria do carro, é mais provável que leve as coisas a peito. Como a maior parte dos serviços vêm sem garantia, tem tendência a ficar inseguro e receoso sobre o valor do serviço que está a comprar.

Embora haja diferenças entre comprar um carro e utilizar alguns tipos de serviços, há uma semelhança notável: os dois consumidores estão a comprar resultados emocionais. O cliente que compra o carro está a comprar paz de espírito, sabendo que o serviço oferecido com o carro inclui serviço pós-venda, serviço contínuo, manutenção e segurança. O carro em si é apenas um bem, que coloca o produtor na linha de partida de uma indústria muito competitiva. De igual modo, o cliente de um serviço está também a comprar paz de espírito, sabendo que o seu problema está a salvo nas mãos de alguém que pode fornecer a solução procurada. O conhecimento, a experiência e o tempo de quem providencia o serviço são apenas as mercadorias que o colocam na linha de partida.

Definir o resultado emocional do que entrega ao seu cliente é, portanto, crucial para o sucesso do seu *marketing*. Este é um conselho simples de compreender mas, surpreendentemente, não é de modo algum praticado universalmente ou, pelo menos, não é levado suficientemente a sério.

O resultado emocional para um cliente de, por exemplo, uma agência de viagens pode ser: *Quero começar uma vida nova* (o cliente reformou-se há pouco tempo e quer ver o mundo); e para um cliente que está a recorrer a um contabilista pode ser: *Quero evitar os impostos e reformar-me rico*.

Mesmo aquisições que parecem rotineiras podem ter este tipo de impacto; por exemplo, uma nova peça de mobiliário pode ser avaliada pela forma como melhora a imagem de uma casa, bem como pela forma como funciona no aspecto prático.

Quando conseguir definir o resultado emocional do seu cliente, tem uma proposta muito mais apelativa para fazer aos seus potenciais clientes. Um desenvolvimento adicional é que pode estabelecer o seu preço de forma adequada, com uma maior satisfação a comandar um preço mais elevado. Será muito mais objectivo e confiante sobre o que realmente faz na vida e, consequentemente, os outros irão reparar muito mais em si. Irão lembrar-se de si.

Ideia #2
Garanta que os seus colegas compreendem o valor do seu trabalho
Fico muitas vezes surpreendido com o número daqueles que parecem saber tão pouco sobre o trabalho que os colegas fazem. Se estiver na área das vendas ou do *marketing* da sua empresa, é importante que todos os seus colegas saibam o que faz pelos seus clientes e sejam capazes de encaminhar apropriadamente as oportunidades de negócio para si e para outros, quando a oportunidade surgir.

O seu recepcionista, ou "director das primeiras impressões", tem de estar particularmente consciente de quem faz o quê no escritório, para que possa passar as chamadas de uma forma sábia e eficaz. Muitas vezes, quando vou a escritórios para reuniões, enquanto espero depois de me apresentar ao recepcionista, torna-se óbvio que ele pouco sabe sobre o que a empresa faz ou sobre a forma como está organizada; desta forma, as oportunidades para construir a imagem – de facto, oportunidades específicas de vendas – perdem-se.

Como teste, experimente perguntar ao seu secretário, assistente pessoal ou "director das primeiras impressões" como descreveria a outros o que a organização – e você – realmente faz. Se não der a resposta certa, explique-lhe! Se ele não sabe o que fazem, como espera que os clientes actuais e potenciais saibam?

Ideia #3
Guarde todas as informações dos seus contactos numa base de dados
Se ainda não tem uma (e, talvez surpreendentemente, muitas organizações não têm), devia ter uma base de dados que lhe permita guardar as informações importantes sobre os seus clientes, fornecedores, referências e outros contactos importantes.

No mínimo, tem de guardar a seguinte informação:
- ◆ Dados completos do contacto.
- ◆ Como tiveram conhecimento de si.
- ◆ Nome do assistente pessoal.
- ◆ Classificação do cliente (A, B, C ou D).
- ◆ Informações pessoais relevantes.
- ◆ Historial do cliente.

Embora a maior parte das empresas tenha algum tipo de base de dados de *marketing*, só uma bem gerida e organizada é que representa um verdadeiro activo, e é crucial para a sua gestão de *marketing* e de relações.

Na Grã-Bretanha, a tendência parece ser a de utilizar pacotes de bases de dados. (Apenas pouco mais de 60 por cento das empresas que têm uma base de dados central de *marketing* a preferem). Não funcionam apenas como base de dados, pois também permitem guardar informações sobre os clientes e podem ajudar na emissão de faxes e *e-mails* e na transcrição de documentos directamente do computador. O Microsoft Access e outros programas funcionam desta forma.

Outras organizações utilizam sistemas feitos por encomenda; por outras palavras, aplicações que foram feitas para as suas necessidades particulares. No entanto, pacotes de bases de dados têm tendência a ser mais populares, porque são mais fáceis de actualizar e de interagir com outras aplicações.

Ideia #4
Crie um grupo de clientes de aconselhamento
Esta é uma ideia importante e que implementei no meu negócio com bons resultados. Por vezes, enfrentamos decisões operacionais e de gestão que são difíceis. Dada a nossa confiança nas nossas capacidades, temos o hábito de

pensar que sabemos tudo e tomamos decisões (muitas vezes mal informadas) sozinhos. Se é o que acontece consigo, esqueça o seu ego e deixe alguém ajudá-lo, para variar! E não deixe a cultura empresarial dificultar a sua acção ou detê-lo.

Uma forma eficaz e com custos reduzidos de o fazer é criar um grupo de clientes para aconselhamento. Pode fazê-lo a nível da organização ou apenas para si. O que tem a fazer é convidar meia dúzia de bons clientes/referências para fazer parte do seu grupo de clientes de aconselhamento. O objectivo é obter conselhos e opiniões sobre o seu negócio. Podem ter enfrentado dilemas semelhantes nos seus próprios negócios e, por isso, este fórum torna-se proveitoso para uma troca de informação útil. Durante o processo, também cria uma rede de contactos potencialmente valiosa, apresentando clientes que podem ainda não se conhecer. Se a rede de contactos global for útil para todos, estarão preparados para participar.

Quando formei o meu grupo, escolhi quem eu sabia ter boas redes de contactos, em quem confiava e que tinha uma experiência nos negócios muitas vezes superior à minha. Expliquei a cada um deles os desafios que encontro no meu negócio e convidei-os para uma reunião pós-laboral no canto sossegado de um bar distinto. Depois de umas bebidas e uma discussão aberta, levei-os a jantar por minha conta, como forma de agradecimento. Isto não é difícil de fazer e as pessoas apreciam genuinamente ser convidadas a ter um papel no seu sucesso. E as ideias que surgem podem ter muito valor.

Ideia #5
Organize uma espécie de seminário

Se quer que os seus clientes recorram mais vezes ao seu negócio, experimente esta excelente ideia que aprendi com o especialista australiano de *marketing*, Winston Marsh. É particularmente apropriada se a sua empresa oferecer uma variedade de produtos ou serviços e estiver a tentar informar os seus clientes sobre todos eles e a incentivá-los a comprar com mais frequência.

Eis o que pode fazer:
- ◆ Convide um grupo de clientes adequado para um programa gratuito, que será promovido como "60 minutos de informação e divertimento". Não reúna mais de 50 participantes. O acontecimento pode ter lugar depois do trabalho, no seu escritório.
- ◆ Dê ao evento um nome semelhante a "Como evitar a semana infernal – tudo o que precisa de saber com seis dos nossos melhores profissionais!"
- ◆ Convide-os a trazer dois amigos. Identifique seis áreas da sua empresa (ou seis produtos) e ponha seis dos seus colegas a apresentá-los durante dez minutos cada. Cada apresentação vem na sequência da outra e conta uma história sobre um hipotético cliente. Como exemplo, considere um indivíduo: um homem de 50 anos, casado, agente imobiliário por conta própria. Assim, na minha antiga ocupação, um escritório de advocacia podia organizar o evento nesta sequência:

– **Apresentador 1 (O nosso especialista em infracções de trânsito)**
O que acontece se beber de mais esta noite e for mandado parar na estrada? Quais são os seus direitos, quais são as penalidades, o que lhe acontece se for apanhado?

– **Apresentador 2 (O nosso especialista em Direito da Família)**
O que acontece quando chega a casa vindo da esquadra da polícia e o seu cônjuge tiver as suas malas à porta e lhe pedir para abandonar a casa?

– **Apresentador 3 (O nosso especialista em Direito da Propriedade Intelectual)**
A sua semana piora! O que acontece se vai para o trabalho e descobre que a sua secretária apresentou a demissão para se juntar a um concorrente, levando com ela propriedade intelectual que pertence à sua empresa?

– **Apresentador 4 (O nosso especialista em Direito do Trabalho)**
No dia seguinte, termina o contrato a prazo de um colaborador. E se o colaborador aparecer para trabalhar depois da data de término?

– **Apresentador 5 (O nosso especialista em Direito do Imobiliário)**
E se para o final da semana recebe uma carta da Câmara, informando-o que o desenvolvimento do condomínio não tem os recursos apropriados ou as autorizações de planos?

– **Apresentador 6 (O nosso especialista em Direito das Sucessões)**
Descobre que o seu filho mais velho, o beneficiário de um fundo de investimento, se tornou um viciado em heroína. Para finalizar uma semana desastrosa, envolve-se num acidente de viação e, como consequência de lesões na cabeça, não poderá voltar ao trabalho por um tempo indeterminado. Não fez nenhum testamento e não passou nenhuma procuração! O que fazer?

Diferentes tópicos e temas podem ser usados para fazer este tipo de actividades funcionar em muitas áreas de negócios. Cada apresentador aborda durante dez minutos as questões essenciais do que cada cliente deve saber em cada cenário. É um evento divertido para os clientes e para os colaboradores e certamente que é preferível aos *cocktails* aborrecidos. Tem mais dois incentivos: primeiro, obriga cada um dos colaboradores a fazer uma boa apresentação (de facto, sem isso, o evento pode ser mais prejudicial do que benéfico, por isso a preparação e a organização são importantes). Esta é uma competência essencial na maior parte dos negócios. Segundo, um evento como este ajuda a promover uma abordagem integrada, unificada, junto da equipa.

relação com os clientes actuais

Ideia #6
Saia do escritório e vá visitar os seus clientes

Um amigo do passado, chamado Bob McInnes, era contabilista. Era diferente de muitos contabilistas, porque passava muito do seu tempo fora do escritório. Gostava que os clientes preferissem que tratasse dos assuntos na sua casa, quinta, fábrica, escritório ou armazém, em vez de terem de fazer o esforço de o visitar no seu escritório. Ao fazê-lo, estava mais preparado para desenvolver um conhecimento do negócio de cada cliente. Isto gerava novos negócios directamente a partir daqueles clientes, que também lhe indicavam os seus contactos. Gostavam da forma como tratava dos negócios.

Em qualquer negócio, os clientes reconhecem o seu interesse – e preocupação – em conseguir dar-lhes exactamente aquilo que querem. Duvido que algum cliente se tenha alguma vez queixado sobre os fornecedores aparecerem para uma visita, principalmente quando o tempo que ocupa é útil – para eles. O oposto também é verdade. Isto é o que um cliente que entrevistei me disse sobre um fornecedor:

> *Não nos conhecemos muito bem e isso não ajuda à comunicação. De facto, nunca vimos nenhum deles cara a cara, embora tenhamos feito negócios juntos durante algum tempo. Nunca vieram aos nossos escritórios ver-nos e, certamente, uma reunião ajudaria um pouco a quebrar as barreiras. Sabemos que são muito ocupados, mas consideramos que deviam abandonar a fachada e mostrar – de uma forma prática – que os clientes são importantes para eles.*

A sua presença no local de negócios de um cliente mostra o seu interesse. Várias pessoas podem estar envolvidas, e não apenas os vendedores, como o pessoal técnico, dos serviços e outras áreas. Irá ajudá-lo a obter uma compreensão mais clara do negócio em que estão e quem são as suas equipas.

Lembre-se, as pessoas não estão interessadas em que saiba muito, até que lhes mostre o seu grau de interesse.

Ideia #7
Sonde os seus clientes e peça-lhes algum feedback

Tendo em conta a utilidade desta ideia, é surpreendente que a sondagem de clientes seja pouco explorada. Apenas uma minoria das organizações consulta regularmente os maiores clientes, menos ainda consultam todos eles. (Além disso, aquelas que o fazem – deixando questionários nos quartos dos hotéis, por exemplo – parecem prestar pouca atenção ao que os clientes lhes dizem).

Muitas organizações a quem dei consultoria admitiram ter gasto quantias razoáveis em exercícios de *marketing*, por vezes pouco produtivos, sem primeiro colocarem ao cliente algumas questões básicas. É um pouco como um médico prescrever um medicamento para uma doença que ainda não foi diagnosticada, o que não parece representar exactamente um pensamento inteligente.

Frequentemente, muitos admitem que a sua organização ainda não fez este exercício devido a outras "prioridades internas." Esta é uma "desculpa esfarrapada". Interrogo-me se a verdadeira razão não será o receio de enfrentar algumas verdades sobre os padrões do serviço que oferecem! Afinal de contas, têm naturalmente receio de ouvir algo de que podem não gostar. Se esta é a sua reacção, recomendo-lhe que aceite a responsabilidade e pense positivo em relação a este exercício, em vez de se concentrar apenas nas respostas potencialmente negativas. Qualquer bom empresário devia fazer questão de ouvir sempre as más notícias. De que outra forma pode fazer mudanças positivas?

Medir os níveis de satisfação dos clientes existentes é uma ferramenta de *marketing* particularmente eficaz e, no entanto, muitas vezes as organizações gastam apenas pequenas porções do seu orçamento de *marketing* nesta actividade – se é que o fazem.

Se não souber o que os seus clientes pensam de si e do seu serviço, não terá uma ideia precisa do que querem. Arrisca-se a estabelecer relações com os clientes ou a tomar decisões de *marketing* baseando-se apenas na intuição e não em factos.

> Ao perguntar aos clientes:
> ◆ Mostra que tem interesse neles (e nos seus negócios).
> ◆ Identifica as áreas onde actua de mais e de menos.
> ◆ Descobre como a qualidade do seu produto e serviço é avaliada, em comparação com os seus concorrentes.
> ◆ Localiza oportunidades para novos negócios.
> ◆ Aumenta a consciência dentro da sua organização sobre a importância da qualidade do serviço.

De uma maneira geral, conheço clientes mais do que satisfeitos em participar neste tipo de sondagem. Os seguintes comentários são típicos da reacção dos clientes à sua participação:

– Estou contente por participar, porque penso que é positivo e espero que seja benéfico para mim, em resultado das melhorias que fizerem.
– Estamos muito satisfeitos com a nossa relação com eles e agradecemos a oportunidade de dar algum *feedback* sobre o seu desempenho.
– Felicito-os por terem a coragem de se expor. Fiquei muito contente quando me pediram para participar nesta sondagem.

Só em raras ocasiões é que tive conhecimento de clientes que declinaram o convite e, muitas vezes, deveu-se apenas ao facto de já terem assumido outros compromissos. Obviamente, o objectivo do exercício é obter comentários sinceros. Por vezes, os clientes têm tendência a ser um pouco menos sinceros se tiverem críticas pessoais, talvez acerca de um indivíduo com quem fazem negócios. Uma forma de contornar essa situação é usar um moderador independente, que ajuda a obter *feedback*.

Como conseguir *feedback*? As próximas três ideias apresentam-lhe algumas sugestões:

Ideia #8
Forme um grupo para saber "Como estamos?"
Este é um método fácil e económico de obter *feedback*. Convide vários grupos pequenos (até oito clientes por grupo) para participar numa discussão de "Como estamos?"

Convide alguém independente, talvez um cliente, mas com a certeza de que seja capaz de fazer as perguntas, para moderar a discussão. Quando convidar os clientes seleccionados, tem de lhes telefonar e perguntar se estão dispostos a vir ao seu escritório, de preferência ao final do dia, para participar durante não mais de 90 minutos numa discussão sobre o que gostam e o que não gostam, o que precisam e o que não precisam, de si e da sua organização.

Quando chegarem, cumprimente-os e desapareça, deixando-os nas mãos do seu moderador. A reunião deve preferencialmente ser gravada em cassete áudio (com o consentimento de todos os participantes). Caso contrário, deve haver alguém para tomar notas.

Os tipos de perguntas para as quais precisa de *feedback* são:
Do seu ponto de vista...
- ◆ O que precisaríamos de fazer para sermos os melhores fornecedores do nosso ramo?
- ◆ Que aspectos do nosso serviço devem ser melhorados?
- ◆ O que gosta e o que não gosta quando negoceia connosco?
- ◆ De que forma poderíamos ter mais valor para si?
- ◆ Existe algo específico que poderíamos fazer para desenvolver uma relação mais forte consigo?
- ◆ Em comparação com os outros fornecedores, como nos classifica?
- ◆ Existe alguma coisa de que não goste nos nossos produtos, serviços ou colaboradores, que o impede de nos contactar com mais frequência?

As respostas podem ser muito diferentes do que imaginou!

Quando a discussão terminar, oiça a cassete (se tiver sido gravada) e aceite os comentários. Escreva a todos os participantes, agradecendo-lhes, e envie talvez uma pequena lembrança como sinal do seu apreço. Depois, tome medidas!

Ideia #9
Organize uma sondagem personalizada

Este é um método dispendioso, mas pode ser o mais eficaz. Envolve a realização de entrevistas personalizadas com os seus clientes e representantes dos clientes empresariais – tanto os que tomam decisões como os que interagem com o seu negócio a um nível operacional.

Como exemplo, segue-se o sistema de seis passos que usei para facilitar o processo com os meus clientes:

◆ **Passo 1 – Selecção dos clientes:**
Seleccione um grupo de clientes que quer entrevistar (e não se limite àqueles que sabe que irão dar opiniões lisonjeiras sobre si!).

◆ **Passo 2 – Escolha de um entrevistador:**
Escolha alguém independente para entrevistar os seus clientes pessoalmente. Deve ser um bom comunicador e um entrevistador capacitado, com um bom conhecimento do negócio e a consciência do tipo de questões que poderão ser debatidas.

É útil obter um equilíbrio entre informação qualitativa (palavras e sentimentos) e informação quantitativa (números) sobre o que pensam de si. Este tipo de projecto pode ser gerido internamente, desde que quem leva a cargo a sondagem tenha o total apoio da administração e seja encarado pelo cliente como independente das questões que estão a ser discutidas. Deste modo, essa pessoa tem de ser cuidadosamente escolhida; tem de ter capacidade para fazer com que os clientes sejam sinceros e falem.

◆ **Passo 3 – Convite:**

Envie um convite por carta, como a do Apêndice B, juntamente com os formulários de resposta por fax e de *feedback* (para serem completados antes da entrevista), tais como os dos Apêndices C e D. Tem de acompanhar o processo, porque alguns clientes não irão responder. Muitas vezes isto não é porque não queiram participar, mas apenas porque a sua carta desapareceu no fundo do recipiente dos assuntos pendentes. Se acompanhar realmente estes convites, deverá conseguir garantir a participação de uma percentagem importante daqueles que convidar; consegui uma percentagem de respostas positivas acima dos 80 por cento.

◆ **Passo 4 –** *Briefing***:**

Forneça um bom *briefing* ao entrevistador sobre o historial da relação com cada cliente – a quantia que gastam, o tipo de negócio que têm, a natureza das suas necessidades, etc. Antes da entrevista, o entrevistador deve tentar obter um formulário completo com *feedback* do cliente, para abordar questões pertinentes e orientar uma sessão construtiva.

◆ **Passo 5 – Entrevista:**

Sugiro que as entrevistas sejam realizadas sem utilizar gravador porque, segundo a minha experiência, este pode ter um efeito inibidor sobre os entrevistados. As perguntas devem ter uma natureza semelhante às que foram utilizadas nos grupos "Como estamos?". Assegure-se de que o entrevistador toma notas completas e avise todos os entrevistados de que ele o vai fazer. Estas notas devem ser anexadas, tal como estão, ao relatório final. Certifique-se de que os clientes concordam com este procedimento.

Ocasionalmente, alguns clientes levantam objecções, dizendo que preferem falar *off the record*. O problema que levantam é, muitas vezes, o mesmo que a entrevista está a tentar descobrir. Eu costumo explicar isso aos clientes e incentivo-os a falar livre e abertamente *on the record*. Se os clientes continuarem a sentir-se desconfortáveis, então pergunto-lhes se aceitam que os seus comentários sejam incluídos numa secção de comentários anónimos dentro do relatório. Geralmente os clientes ficam satisfeitos com esta solução, desde que a sua identidade permaneça incógnita. Contudo, deve reforçar que este é um exercício aberto e que o seu valor reside na sinceridade da resposta de cada participante.

◆ **Passo 6 – Resultados:**
Finalmente, a tarefa do entrevistador é fazer a parte mais difícil – examinar os formulários de *feedback* e as entrevistas e extrair os pontos mais importantes.

Se um cliente levanta preocupações concretas, aja rapidamente, caso contrário o exercício pode ser contraproducente. Igualmente importante, volte a agradecer o contributo e, se ocorrerem grandes mudanças como resultado das opiniões, telefone-lhes. Ainda melhor, informe todos os seus clientes dos resultados, por exemplo, através de uma *newsletter*, se tiver uma. Se organizar tudo isto parece proibitivo em termos de tempo ou despesas, então reduza a sua abordagem e produza uma sondagem *on-line*. Um serviço excelente que descobri pode ser encontrado em www.freeonlinesurveys.com. Permite-lhe colocar as suas questões (abertas e fechadas) *on-line*. Tudo o que tem a fazer é enviar aos seus clientes um *e-mail* com o endereço e podem então visitar o *site* (anonimamente) e votar. Todo o processamento dos números é feito de forma automática. É tão simples e acessível!

Ideia #10
Coloque bolas de pingue-pongue na zona da recepção
Gosto desta ideia, porque é tão simples e não tem praticamente qualquer custo! Vi isto num hotel da cadeia Novotel. Era um hotel limpo, confortável e com uma localização central, onde sempre me senti bem recebido. No balcão da recepção, havia uma grande taça de vidro e, ao lado da taça, dois cestos de arame, um com bolas de pingue-pongue cor-de-rosa, o outro com bolas de pingue-pongue brancas. Havia um aviso a convidar os hóspedes a colocar uma bola cor-de-rosa na taça de vidro se tivessem gostado da estadia no hotel e uma branca se não tivessem gostado. E adivinhe? A taça estava cheia de (maioritariamente) bolas cor-de-rosa. Por que não tentar algo semelhante no seu escritório – na recepção, no *showroom* ou numa feira, por exemplo?

É uma ideia invulgar e torna-se um poderoso indicador visual do que os seus clientes pensam sobre si e o seu serviço. (Se tiver de entrar sorrateiramente no escritório às três da manhã para tirar as bolas brancas, sabe que tem um problema!)

Ideia #11
Encomende alguns estudos
Nos seus esforços para exercer a melhor prática e para desenvolver o seu negócio, tem de criar a percepção de que é de facto um especialista na área que escolheu – e também nas áreas de negócio nas quais os seus clientes trabalham. Uma forma de conquistar isto rapidamente é através de alguns estudos, cujos resultados serão provavelmente do interesse dos seus clientes ou daqueles que estão no nicho em que se quer estabelecer.

Tenha em conta alguns dos assuntos importantes que os seus clientes actuais e potenciais gostariam de ver analisados. Por exemplo, se estiver no mercado das agências de viagens, alguns estudos sobre tendências de destinos de férias podem ser úteis. Publique um relatório e envie cópias para os meios de comunicação apropriados e para uma selecção de clientes actuais e potenciais. Os estudos podem ser dispendiosos, embora os custos possam compensar, mas uma forma económica de os fazer é abordar a universidade local. Os estudantes, em especial aqueles que estão a tirar cursos relacionados com Gestão, procuram muitas vezes projectos como parte integrante da sua formação e geralmente fazem um bom trabalho e cobram muito menos do que uma empresa de estudos de mercado.

Ideia #12
Produza uma newsletter *regular*

Há muitas organizações que produzem *newsletters*. A desvantagem de muitas delas é que são aborrecidas e dizem pouco que tenha verdadeiro interesse para o leitor (a razão mais comum é que são demasiado introspectivas – os clientes querem ler algo com valor).

Nalgumas indústrias, as empresas podem escolher uma abordagem barata e enviam *newsletters* que são, de facto, escritas e produzidas por um organismo externo e depois vendidas às empresas com o nome impresso na primeira página, para parecerem ter sido produzidas internamente. Pela minha experiência, a informação contida nestas publicações tem tendência a concentrar-se em desenvolvimentos gerais recentes que ocorreram na indústria e podem conter poucas informações interessantes para o leitor.

Como exercício de *marketing*, o seu valor é questionável, porque outras organizações que adoptaram o mesmo esquema estão a produzir exactamente a mesma informação. Há poucas oportunidades para diferenciar ou comunicar pessoalmente com os clientes.

Uma boa *newsletter* inclui o seguinte:
- ◆ Factos e conselhos.
- ◆ Histórias positivas sobre clientes.
- ◆ Datas de futuros seminários e eventos para clientes.

- Informações sobre contactos, incluindo o endereço do *site*.
- Respostas a questões colocadas pelos leitores.
- Histórias sobre personalidades com interesse para os clientes.
- Artigos escritos pelos clientes (sobre si próprios ou sobre as tendências e desenvolvimentos da indústria).
- *Cartoons* e fotografias.
- Espaço para publicidade – dependendo do tamanho da edição impressa, ofereça (e cobre) espaço a clientes, a referências e a fornecedores na sua rede.
- Um convite para acrescentar nomes à *mailing list*.

Nunca caia na armadilha de escrever artigos estéreis sobre aspectos técnicos aborrecidos. Pode interessá-lo, mas irá aborrecer a maior parte dos leitores. É uma falsa economia tentar fazer tudo sozinho. Partilhe a tarefa de criar e escrever artigos com colegas, para que não se torne uma carga demasiado pesada. Ou pode procurar ajuda exterior, de quem esteja habituado a editar, compor e imprimir este tipo de publicação. Para garantir uma abordagem coordenada, tem de ter um gestor de projecto para executar a produção da sua *newsletter*.

Ideia #13

Produza a sua newsletter *em cassete áudio ou* compact disc

Por que não fazer algo ligeiramente diferente e desenvolver uma *newsletter* áudio? Dependendo do tempo que tiver disponível, poderá fazê-lo com uma periodicidade mensal, trimestral ou talvez apenas três vezes por ano. O formato poderá ser muito semelhante em conteúdo à *newsletter* referida anteriormente. A única diferença será que os seus pensamentos e os dos entrevistados estarão disponíveis em cassete áudio ou *compact disc*.

relação com os clientes actuais

Se não estiver confiante em relação à vocalização, aborde a rádio local e pergunte se um dos locutores mais conhecidos o pode fazer. Pode acontecer que a estação de rádio também o ajude com a produção. Se a informação for interessante e valiosa, então poderá ainda considerar a hipótese de vendê-la aos subscritores.

As cassetes áudio e os *compact discs* são excelentes para se ouvir nas viagens. Descobri algumas indústrias que usam esta técnica, mas ainda não é muito comum. Por isso, aqui tem uma oportunidade para fazer algo útil, que será também encarado como uma ideia diferente. Pode até gravar o seu seminário "Semana Infernal" (ver Ideia #5) e distribuí-lo a todos os seus clientes actuais e potenciais.

Ideia #14
Pergunte "já pensou em fazer assim?"
A maior parte dos clientes agradece que coloque esta questão e lhe dê ideias novas. No entanto, nunca assuma que, só porque a sua organização oferece outro produto, serviço ou aplicação de que o cliente precisa, este irá automaticamente escolher a sua organização como fornecedor, mesmo quando já faz negócio consigo noutra área. Tudo o que é novo tem de ser vendido, não apenas anunciado, e pode precisar de construir novas relações e de novos contactos em áreas de uma organização com as quais nunca contactou previamente.

A venda cruzada é uma técnica importante e pode criar novos negócios, mas necessita de ser usada com cuidado. Não parta do pressuposto de que, só porque já existem boas relações, os seus contactos irão "saltar" por cada nova oferta. É fácil fazer os clientes sentirem que está a ser demasiado insistente e isso pode destruir o objectivo do exercício.

Ideia #15
Faça etiquetas de bagagem com os cartões de visita dos seus clientes

Há alguns anos conheci uma oradora norte-americana, Colleen Kaczor, numa conferência. Dei-lhe o meu cartão de visita quando nos conhecemos. Imagine a minha surpresa umas semanas mais tarde quando recebi de volta o meu cartão por correio, plastificado como uma etiqueta de bagagem. Nas costas tinha juntado uma citação inspiradora. Alguns leitores podem pensar que isto é piroso; como receptor, contudo, considerei que era um gesto simples, mas generoso. Lembrei-me dela. Utilize esta ou outras ideias deste tipo e os outros também se lembrarão de si.

Ideia #16
Crie o seu próprio postal para enviar a clientes e contactos

Esta é uma forma divertida de personalizar a comunicação com os seus clientes e contactos. Criei vários postais ao longo dos últimos anos, um dos quais utilizando o *cartoon* que se encontra na página seguinte, sobre o qual tinha previamente adquirido os direitos junto de Wayne Logue, um talentoso cartunista. Tinha usado o *cartoon* como acetato nalgumas apresentações. Levei o desenho a uma gráfica local, que a converteu num postal. Vai descobrir que, pela quantidade mínima de 500, se pode tornar tão barato de produzir como cartões de visita. Um centro de conferências residencial, Highgate House, localizado em largos hectares do campo inglês, dedicava-se também à criação de raças raras de porcos. Usavam postais que mostravam espectaculares fotografias destes animais e criaram algo memorável.

Pode usar uma fotografia, uma citação ou um *cartoon*. Seja qual for a sua escolha, a mensagem nas costas do cartão (que pode ser manuscrita, se enviar poucos) é importante. Escreva com cuidado e faça a ideia funcionar.

relação com os clientes actuais

Ideia #17
Envie postais de aniversário

Gosta quando alguém que respeita e em quem confia lhe envia um postal de aniversário? Eu gosto! Por que não retribuir a gentileza e enviar aos seus clientes e outros contactos importantes um postal de aniversário? Guarde as informações sobre os aniversários na base de dados ou na agenda; faça o mesmo com outros acontecimentos, como o aniversário da data de fundação do negócio.

Ideia #18
Deixe de enviar postais de Natal

Sem dúvida que recebe centenas de postais de Natal todos os anos. Consegue lembrar-se de quem os enviou? Fica envergonhado se receber um postal de alguém que se esqueceu de incluir na sua lista e envia um na volta do correio, arriscando-se a que chegue depois da data?

Por que não evitar todo o *stress*? Deixe de enviar postais de Natal. Em vez disso, envie um postal numa época do ano em que mais ninguém o faz.

> Pense em enviar um postal para assinalar:
> ◆ O Ano Novo.
> ◆ Aniversários (nacionais, pessoais ou empresariais).
> ◆ A nomeação de novos colaboradores (com a fotografia na capa do postal e uma explicação do que podem fazer pelos clientes).
> ◆ Um prémio.
> ◆ As suas férias.

Mais uma vez, ao agir de uma forma invulgar, faz algo mais memorável e com maiores probabilidades de criar impacto.

Ideia #19
Dê o seu número de telefone de casa aos clientes
Esta não é necessariamente uma boa ideia para todos. No entanto, é uma boa ideia, se quer mostrar aos clientes que está disponível quando precisam desesperadamente de si. Na verdade, a maior parte dos clientes muito raramente lhe irá ligar para casa, mas o facto de o poderem fazer é um sinal de grande confiança e ajuda a construir uma boa relação. De facto, quando lhe ligam para casa sabe que construiu com sucesso uma boa relação.

Ideia #20
Refira e recomende outros recursos
Seja útil aos clientes e recomende outros fornecedores de serviços ou produtos, sempre que puder. Faz um favor ao cliente, poupando-lhe o tempo de ir à procura da melhor solução; faz um favor a quem recomendou apresentando-lhe

um novo cliente e, por isso, em última análise, o favor será retribuído. Qualquer tipo de rede de contactos tem de funcionar dos dois lados para que seja positivo.

Ideia #21
Dê o passo extra

Uma empresa de construção, com vários negócios de exportação, tem regularmente compradores estrangeiros a visitar a fábrica. Dizem sempre aos visitantes que os vão receber ao aeroporto. Depois de um provável longo voo, os visitantes mentalizam-se que ainda têm de percorrer um longo caminho para a fábrica – mas, na verdade, passam rapidamente a alfândega, são acompanhados até ao helicóptero da empresa e aterram na fábrica muito antes e com muito menos complicações do que estariam à espera.

Isso é dar o passo extra! A impressão deixada é positiva e forte e estabelece um bom cenário para as vendas.

Agora um exemplo pessoal. Fui convidado para participar numa conferência por uma pequena empresa que fabrica óleos essenciais para a aromaterapia. A empresa tinha ganho prémios governamentais pelo seu desenvolvimento do negócio. Antes e durante a conferência, foi um prazer lidar com esta empresa. Fiquei tão impressionado com a sua hospitalidade, a sua atitude para com os distribuidores e com simples cortesias que me concederam, que os convidei para aparecerem na primeira página da minha *newsletter* intitulada *Simon Says*. Esta oferta não fazia parte do nosso acordo comercial, foi um simples gesto de reconhecimento pelo profissionalismo deles; ajudou-me não só com uma história para a minha *newsletter*, mas também a cimentar a relação que tinha com este cliente. Eles apreciaram a oferta.

O que pode fazer para dar o passo extra para o seu cliente?

Ideia #22
Apoie uma instituição de solidariedade social patrocinada por um cliente

Há muitos motivos para contribuir para uma instituição de solidariedade social – o desejo de dar algo aos menos afortunados, o desejo de sentir que contribui para algo e, claro, ainda há a dedução nos impostos! Ser visto como apoiante de causas sociais é sempre alvo de aprovação, especialmente se a instituição for patrocinada por um cliente.

Outro exemplo: Patrick Forsyth, que me ajudou na publicação deste livro, foi convidado por um organismo profissional da área da Gestão para falar numa conferência sobre essa temática. As receitas foram doadas às vítimas do *tsunami* asiático, contribuição que agradou tanto a Patrick como à associação, mas que, de facto, tornou a publicidade ao evento ainda mais digna de notícia. Sem cair num cinismo profundo, aqui está uma ideia útil.

Ideia #23
Organize uma conferência para "utilizadores"

Algumas organizações são excelentes a fazer isto. Num esforço para serem encaradas como um dos principais intervenientes numa dada área (como as tecnologias de informação, a propriedade intelectual, o comércio electrónico ou o entretenimento), organizam uma conferência para a qual convidam os seus principais clientes, alguns para falar. O efeito é criar um evento que é conhecido na indústria como sendo "a não perder". Pode também utilizar este tipo de eventos para convidar potenciais clientes e representantes dos meios de comunicação social. Acelera a percepção que a indústria tem da sua organização, e de si, como especialista no assunto.

Ideia #24
Disponibilize estacionamento grátis e acessível perto do seu escritório

Os clientes podem sentir-se desencorajados a visitar um fornecedor se a localização tornar o estacionamento difícil. Assim, várias soluções foram encontradas: uma organização oferece aos clientes um passe gratuito para os espaços públicos de estacionamento na rua do escritório; outra, que vende equipamento de escritório, oferece promoções na área da baixa da cidade todas manhãs de sábado – a oferta é estacionamento grátis (nos escritórios privados os espaços de estacionamento estão praticamente vazios, porque os vários negócios que os utilizam não trabalham aos sábados) e uma demonstração de produtos, enquanto os companheiros e companheiras das/dos potenciais clientes vão às compras. Isto é muito apreciado.

Antes de começar a fazer cálculos mentais sobre os custos deste tipo de investimento, considere primeiro o valor oferecido aos seus clientes. Aumente o seu valor para eles e pode aumentar consideravelmente as suas receitas. Não irá encontrar uma diferença negativa no saldo final, nem os seus clientes. É um extra inesperado; e é denominado "acrescentar valor".

por que é que os empreendedores devem comer bananas

case study

Lee Valley Tools

Leonard G. Lee é o fundador e presidente da Lee Valley Tools Ltd., uma empresa líder nas vendas por correio e no fornecimento retalhista de ferramentas para trabalhar a madeira, para jardinagem e para a construção de mobiliário, que tem sede em Otava, no Canadá. Desde a sua fundação em 1978, a empresa estimulou tanta procura pelos seus produtos inovadores que 25 por cento das vendas estão agora nos mercados de exportação e emprega 800 colaboradores, tendo 11 lojas espalhadas pelo Canadá.

Por que começou a sua empresa?

Durante muitos anos foi funcionário público no Canadá, nos Negócios Estrangeiros e no Ministério da Indústria. Se continuasse lá, tinha-me tornado um assassino em série! Nos últimos anos, não era um local de trabalho agradável. Senti que seria melhor trabalhar noutro local, mas o melhor mesmo seria trabalhar para mim. O meu passatempo era trabalhar a madeira e sentia que havia uma verdadeira lacuna no mercado, porque era difícil encontrar ferramentas especializadas. Por isso, eu e a minha mulher decidimos tentar.

Pensou na altura que o negócio iria crescer até à dimensão actual?

Claro que não! Quando começámos, pensámos que nos iríamos tornar uma empresa com cerca de 12 colaboradores. Nunca pensei um dia acabar por empregar 800. Ao fornecermos uma linha inteiramente nova de ferramentas para trabalhar a madeira e para a jardinagem, e ao concebermos e fabricarmos novas ferramentas, mudámos a natureza e a dimensão do mercado. Pareceu-me espantoso como o mercado estava preparado para ferramentas de elevada qualidade e que tinham uma única função. Havia muitos especialistas que não queriam usar as ferramentas de bricolage, que eram a única escolha na altura. Por isso, o mercado cresceu rapidamente.

Qual foi o maior desafio que enfrentou?

Penso que o maior problema que enfrentámos foi a gestão do *cash flow*. Os lucros eram secundários. Em qualquer negócio, sabe relativamente cedo se este vai ser rentável. O desafio é não deixar um negócio lucrativo ficar sem dinheiro. O ramo do comércio está cheio de casos de quem se concentrou no lucro e acabou por não conseguir que o senhorio aceitasse os lucros futuros ou a dívida actual. É necessário cuidado e um constante malabarismo para crescer e não ficar descapitalizado. É o prazer dos negócios; é uma cartada mais alta no póquer!

Há alguma coisa que gostaria de ter feito de outra forma?

Pouca coisa. A nossa abordagem foi sempre a de usar o senso comum. Fizemos pelos clientes o que gostaríamos que outros fizessem por mim. Por exemplo, antes de criarmos a empresa, quando ia comprar uma ferramenta perguntavam-se se era construtor. Isso irritava-me, porque havia dois preços para os produtos: um, mais baixo, para os construtores; e outro, mais alto, para os restantes clientes. Isto levou-me a desenvolver o nosso negócio para o trabalhador individual e a oferecer um só preço.

por que é que os empreendedores devem comer bananas

Por isso, não interessa se o nosso cliente é a General Motors, o Governo canadiano ou o indivíduo que mora ao fundo da rua: o preço é o mesmo para todos. Os clientes gostam desta abordagem. Oferecer as nossas ferramentas a um preço único foi provavelmente uma das melhores decisões que tomámos. Baseámo-nos no tratamento igual para todos.

Além disso, de que mais é que os seus clientes gostam no seu negócio?
Fazemos pouca publicidade. Aplicamos o dinheiro que podíamos gastar em publicidade no serviço ao cliente. Por exemplo, os nossos clientes podem devolver qualquer produto no prazo de três meses, sem encargos. Como parte da nossa garantia de devolução do dinheiro, pagamos o envio da devolução dos artigos adquiridos. Isto dá aos nossos clientes um nível de confiança sem igual. Deixa-os estupefactos. A nossa garantia é também o melhor "chicote" sobre o nosso controlo da qualidade. Se vendêssemos maus produtos, os custos de devolução matavam-nos.

Como motiva a sua equipa?
Quando trabalhei para o Estado, embora fosse bem pago, não tinha autoridade para assinar uma folha de despesas superior a cinco dólares. Tinha responsabilidade, mas não tinha autoridade. Em qualquer das nossas lojas, ou no nosso negócio de vendas por correio, o primeiro colaborador a lidar com um cliente tem total poder para devolver o dinheiro, desde que considere justo. Os nossos colaboradores reagem muito melhor e mais responsavelmente, sabendo que têm esta autonomia. Além disso, em vez de oferecermos comissões sobre os objectivos de vendas, retiramos 25 por cento dos nossos lucros antes de impostos

e distribuímo-los equitativamente por todos os colaboradores. Os mais difíceis de motivar são os que desempenham tarefas repetitivas. Um empregado de limpeza na nossa empresa recebe a mesma percentagem dos lucros que o *vice-president*.

Os colaboradores não podem determinar o lucro, mas podem influenciar os custos. Por isso, com o incentivo de uma percentagem nos lucros, têm todos os motivos para diminuir os custos. De um modo geral, acredito que todos querem trabalhar onde o seu trabalho é reconhecido, onde não são explorados e são tratados com justiça. É importante que os colaboradores encarem o seu salário justo em relação ao dos seus pares. As pessoas trabalham pelas pessoas, não pelo dinheiro.

Que conselho daria a um jovem empreendedor?

Seja qual for a ideia, teste-a primeiro antes de comprometer as poupanças da família. Quando começámos, testámos a nossa capacidade para vender por correio vendendo um produto chamado "*kit* de suporte para cilindros" – peças em ferro forjado que se aparafusam a um cilindro de aço para fazer uma caldeira. Testámos a ideia durante um ano. O investimento total foi inferior a dez mil dólares e, na verdade, recuperámos o investimento.

O único aspecto negativo era que a minha mulher tinha de entregar pesadas encomendas todas as manhãs, porque eu ainda tinha um emprego a tempo inteiro. Ela disse-me um dia: "Alguma vez te ocorreu testar o mercado de vendas por correio com jóias, em vez de ferro forjado?"

Contudo, a ideia funcionou e deu-nos confiança para desenvolvermos o nosso novo negócio.

▷ *A Lee Valley Tools está* on-line *em:* www.leevalley.com

4 relação com novos clientes

> *Se neste mundo quer avançar*
> *E os seus méritos aumentar*
> *Tem de os impulsionar e desafiar*
> *E soprar a sua própria trombeta*
> *Ou, acredite em mim, de outra forma não tem hipótese*
>
> GILBERT & SULLIVAN

Embora a sua principal prioridade seja desenvolver novos negócios a partir dos clientes que já tem, é também importante que dedique algum tempo e esforço na conquista de novos. Isto é particularmente importante se procura melhorar a qualidade da sua base de clientes (substituindo os clientes C e D e atraindo mais As e Bs).

Cortejar novos clientes

No capítulo anterior, abordei a importância de se construir relações com os clientes. Construir relações nos negócios não é muito diferente de construí-las na vida pessoal. Há um processo de cortejamento, com (pelos menos!) sete fases:

Fase 1: seja selectivo sobre quem quer
Saiba claramente o tipo de clientes com quem gostaria de trabalhar. Se abrir as portas a qualquer um, terá poucas probabilidades de atrair clientes de qualidade. Como escreve David Maister, guru norte-americano da área da Gestão:

> *Actue como uma prostituta, com uma atitude de "Faço-o pelo dinheiro, mas não espere que me interesse", e irá perder o prémio que a excelência conquista.*

Fase 2: seja atraente
Tal como se preocupa bastante com a sua aparência quando tem um encontro, tenha um cuidado suplementar com os potenciais clientes. Isto significa ter um aspecto limpo e cuidado e prestar atenção às suas roupas, aos seus modos e à forma como fala. E garanta que tem o escritório arrumado!

Fase 3: marque um encontro
Nunca tenha receio de solicitar uma reunião com um potencial cliente. Que outra forma tem de saber se alguém ou uma empresa só teria a ganhar com o que você oferece, mesmo que já o compre noutro lado? Tudo o que sabe é que aquela entidade pode não estar satisfeita com o serviço prestado pelo fornecedor actual e gostaria de obter informações sobre alguém que pudesse oferecer o que quer. Uma abordagem inicial pode ser estranha, mas o pior que pode acontecer é dizerem que não e, se tornar interessante aquilo que diz, a sua taxa de sucesso poderá surpreendê-lo.

Fase 4: mostre-se interessado

Se não mostrar interesse no potencial cliente e na natureza das suas preocupações, não será interessante. Coloque questões relevantes, inquisitivas, e oiça realmente as respostas. E não tente impor uma solução já planeada para um problema em particular, nem ofereça nada que pareça muito padronizado; todos gostam de ser tratados como únicos (pela excelente razão de que *são* únicos!).

Fase 5: crie empatia

Não inicie uma relação pensando apenas no que pode beneficiar com ela (por exemplo, conseguir obter um determinado volume de vendas). Concentre-se no que pode fazer para ser mais útil àquela pessoa.

Fase 6: lembre-se que a dimensão não é importante!

Muitas organizações gostam de anunciar a dimensão (*temos cem produtos* ou *temos escritórios em cem países*). A dimensão, que se reflecte através de ligações globais, pode ser importante para alguns clientes, que têm operações internacionais. No entanto, o que realmente importa ao cliente é que um fornecedor se relacione com ele como ser humano e que não o veja apenas como mais um cliente que o ajuda a concretizar o orçamento. Não interessa se é grande, mas o que faz com aquilo que tem!

Fase 7: pergunte, *como foi para si?*

Tendo estabelecido uma relação sólida com um cliente, deve ser capaz e suficientemente aberto para colocar esta questão. Por outras palavras, a qualidade do nosso produto e serviço correspondeu às expectativas? O que podemos fazer melhor? Como podemos fazer isso? Da ideia #7 à #10 encontra técnicas para o ajudar a descobrir as respostas.

Lembre-se destas fases, pois irão ajudá-lo ao longo do processo de cortejamento. Assim como algumas destas ideias:

Ideia #25
Para ser contratado, saiba e vá onde estão as oportunidades
Os ladrões têm como objectivo os bancos, porque é lá que está o dinheiro! De igual modo, se for pescar, lança a linha para o local onde está o peixe.

> Para descobrir onde estão as suas oportunidades, coloque simplesmente perguntas deste tipo aos seus clientes A e B e oiça as respostas:
> ◆ Como teve conhecimento de nós?
> ◆ Quem lhe deu referências?
> ◆ Por que nos escolheu para seu fornecedor?
> ◆ A quem comprava anteriormente o nosso tipo de produtos?
> ◆ Tem outros fornecedores que utilize em simultâneo?
> ◆ Há alguma razão para querer mudar ou adicionar um fornecedor?
> ◆ Fale-me do seu negócio, produtos e serviços
> ◆ Quais são os objectivos do seu negócio a curto e longo prazo?
> ◆ Quais são os principais desafios que enfrenta no seu negócio?
> ◆ Quem são os seus principais concorrentes?
> ◆ No que difere deles?
> ◆ Quais foram os seus maiores êxitos/contrariedades nos últimos 12 meses?
> ◆ O que faz bem no seu negócio?
> ◆ O que gostaria de melhorar no seu negócio?
> ◆ O que é mais importante para si quando compra nesta área de produtos?
> ◆ O que tem de acontecer para sentir que está a obter valor pelo dinheiro?
> ◆ Como posso ajudar?

Algumas destas perguntas devem ser colocadas no início de uma relação, outras podem ser colocadas regularmente e algumas questões adicionais, mais específicas do seu negócio, também poderão ser necessárias. Se estas perguntas revelarem oportunidades, não seja tímido a oferecer-se para fazer o negócio. Citando o filósofo empresarial norte-americano Zig Ziglar:

> Os vendedores tímidos têm filhos magricelas!

Ideia #26
Desenvolva um "logo *falado*"

A maior parte dos consumidores não está minimamente interessada na história, dimensão ou instalações modernas da sua organização. O que querem saber é o que o seu produto ou serviço vai fazer por eles. Qual será o resultado emocional para eles? Isto tem de se reflectir em tudo o que diz sobre o que oferece. É particularmente importante quando lhe perguntam *O que faz?* Se responder com uma descrição vaga – *Sou advogado – Produzimos equipamentos electrónicos – Fazemos estudos de mercado* – então está a dizer ao inquiridor o que *é* e não o que *faz*. Esta é uma oportunidade perdida. Quando estiver seguro do seu valor e dos benefícios que oferece ao cliente, desenvolva o que Larry Schreiter, autor de *The Happy Lawyer*, designa por "*logo* falado".

Além de ter a vantagem de o pôr a pensar sobre a sua verdadeira contribuição para o mercado, um *logo* falado pode ser uma ferramenta valiosa para ter na manga quando faz *networking*.

Quando perguntam a uma das minhas clientes, uma contabilista, o que faz, ela responde: *Elimino o incómodo de manter os livros e os registos actualizados a pessoas que têm coisas mais interessantes para fazer.* Uma resposta directa; aposto que é o que gostaria que o seu contabilista fizesse.

> Aqui estão outros exemplos simples a ter em consideração:
> ◆ **Um consultor de mercado**
> *Reduzo o risco dos negócios dos outros*, ou *Ajudo a identificar oportunidades de mercado que podem estimular lucros.*
> ◆ **Um advogado da área do imobiliário**
> *Trato dos incómodos de comprar e vender uma casa* ou *Garanto que quando compra uma propriedade, não há surpresas escondidas.*
> ◆ **Um agente de viagens**
> *Oferecemos antídotos para o stress e para os problemas da vida muito ocupada.*

Pense num *logo* falado para si e para a sua organização.

Estas respostas vão directo ao assunto e permitem que o ouvinte saiba exactamente quais os benefícios de lhe comprar a si. Os clientes podem muito bem colocar mais questões para o qualificar, tais como, *Como faz isso?* Mas, pelos menos abre a porta a uma conversa, em vez de accionar um educado, mas pouco interessado, *Ah, a sério?*

Este nem sempre é um exercício fácil de fazer. Quanto mais especializado for, mais objectivo será sobre o que pode fazer pelos outros e mais fácil será desenvolver o seu *logo* falado. Se for mais generalista, pode considerar útil desenvolver vários *logos* falados, de acordo com a sua audiência.

Ideia #27

Peça referências aos clientes actuais

A melhor forma de encontrar mais clientes do mesmo tipo é através de referências daqueles que já tem e que gostam do seu serviço. De facto, muitos dos meus clientes dizem-me que obtêm desta forma até 80 por cento dos novos negócios. No entanto, muitos não dedicam o suficiente do seu tempo de desenvolvimento do negócio ou do orçamento de *marketing* a "olear o mecanismo das referências" e, consequentemente, perdem oportunidades.

De acordo com a minha experiência, a maior parte dos empresários não pede referências. É quase como se pensassem que não é educado pedir. No entanto, só porque alguém não o referencia automaticamente a outros que conhece, não significa que não esteja preparado para o fazer caso lhe peça, especialmente se estiver satisfeito com o que o seu negócio fez por ele. Afinal, se não tivesse confiança em si e no seu negócio, por que o estaria a utilizar?

O meu conselho é que deixe os clientes com quem tem uma relação mais próxima saberem o quanto aprecia referências e como são importantes para o crescimento do seu negócio. Nunca assuma que não gostam de fazer referências. É claro que alguns não farão nada, mas outros irão fazer – e, assim, terá conseguido alguns potenciais clientes a baixo custo.

Quem dá referências fá-lo quando tem confiança em si, quando acredita em si ou porque deu referências sobre o seu negócio. Se estiver confiante acerca da relação com o seu cliente, não tem motivo para ficar embaraçado.

Ideia #28
Agradeça todas as referências

Lembre-se de recompensar ou agradecer a quem fez a apresentação por si. Parece óbvio e embora muitos apreciem as referências, são muitas vezes tímidos a transmitir o agradecimento. Simplesmente um cartão, um telefonema ou uma carta com uma palavra terá um grande significado: OBRIGADO!

Pode querer ir mais longe e enviar uma garrafa de vinho, um *voucher* de um jantar para dois ou bilhetes para um seminário, teatro ou cinema. Talvez tenha clientes que possam fornecer uma recompensa adequada. Comprar-lhes pode ajudar a desenvolver a relação. Se estiver a comprar a alguém que não for seu cliente, explique o que está a fazer e verifique se poderá ser um potencial cliente. Este tipo de situação implica normalmente apenas umas palavras, por isso até uma taxa de sucesso reduzida pode ser valiosa.

É necessário fazer uma advertência sobre esta questão. Alguns indivíduos que conheço sentem-se desconfortáveis em dar ou receber mais do que uma carta de agradecimento, quando referem clientes a outros ou aceitam referências. Encaram dar ou receber presentes, tais como os acima mencionados, como potenciais subornos. De facto, a questão dos presentes e da hospitalidade é discutível e muitos, nomeadamente os que trabalham no sector público, são regidos por rigorosos códigos de conduta, que determinam se os presentes podem, ou devem, ser aceites.

Na minha opinião, se o presente for dado como um gesto sincero de agradecimento e não como uma tentativa para influenciar alguém (e não existir o risco de ser encarado como tal), provavelmente está em terreno seguro. Mas pode ser melhor verificar com antecedência a política da empresa pública ou privada, antes de inadvertidamente dar um passo em falso!

Ideia #29
Faça com que os seus clientes passem um voucher seu

Dê aos seus clientes um *voucher* para oferecerem a um amigo ou familiar, a ser utilizado em compras a si. Você decide o valor (pode haver vários valores para circunstâncias diferentes). Isto dá um incentivo extra a alguém a quem lhe fizeram uma referência sua para estabelecer contacto consigo e experimentar.

Ideia #30
Queime as suas brochuras

Sim, é isso mesmo, atire-as para a reciclagem ou para o fogo! Lamento aborrecer o seu consultor de *design*, mas muitas das brochuras que li podem fazer com que um *designer* gráfico ganhe um prémio e agrade à empresa, mas, para além disso, não têm qualquer outro objectivo: são insípidas, aborrecidas e, muitas vezes, estão desactualizadas. OK, estou a exagerar, obviamente algumas são úteis, mas podem ser encaradas como inquestionáveis e usadas durante demasiado tempo.

Quando foi a última vez que um cliente lhe disse que o escolheu por causa da sua brochura? Mesmo que seja útil, pode apenas ser parte do que atrai os clientes. As brochuras podem funcionar, desde que cumpram as regras apresentadas nas próximas três ideias.

Ideia #31
Alimente o ego dos seus clientes, não o seu!

Há alguns anos, trabalhei para uma agência de publicidade de Londres. Tínhamos um cliente que insistia em publicitar o negócio na estação de televisão local. A principal razão, comentava-se, não era porque os seus potenciais clientes pudessem ver o anúncio; pelo contrário, era para que a esposa pudesse dizer às amigas que o negócio do marido aparecia todas as noites na televisão! Não tenho a certeza se esta história era totalmente verdadeira, mas ilustra o facto de que, para muitos empresários, a promoção é um exercício para alimentar o ego.

Analise uma brochura (talvez uma das suas). Geralmente, dirá ao leitor há quanto tempo a organização em questão está no negócio, quantos trabalham para ela, que produtos e serviços oferece e as instalações modernas que tem. Até pode apresentar fotografias dos colaboradores mais antigos, tentando fazer pose de modelos, ou colaboradores no escritório a fazer... o quê? Soa-lhe familiar?

Muitas brochuras e outras formas semelhantes de promoção egocêntrica não são mais do que exercícios dispendiosos de vaidade empresarial. O tema é quase sempre o negócio, não o cliente. O resultado é que a maioria das mensagens promocionais são maçadoras, egocêntricas e não diferenciam o negócio na mente dos potenciais clientes. Igualmente importante, falham em apelar às preocupações dos leitores. Se isto se parece com o material promocional da sua empresa, retire os aspectos egocêntricos e comece a usar mensagens que apelam genuinamente aos potenciais clientes.

Verifique: se a brochura tem quase todas as frases, parágrafos ou pensamentos a começar com a palavra *Nós – A organização –* ou o *nome dela*, então provavelmente o que se segue é demasiado introspectivo; nesse caso, pode realmente querer queimá-la e começar de novo.

Ideia #32
Prove que tem razão!
Os clientes raramente escolhem os fornecedores apenas com base na promoção. Quando a promoção influencia comportamentos, é devido a uma mistura de diferentes actividades promocionais e de venda. Contudo, a forma como articula a mensagem promocional pode fazer a diferença quando o potencial cliente tem de fazer uma escolha. Centrar-se no alcance do seu produto ou serviço, no seu compromisso com um serviço excelente ou no prémio de *design* que o seu produto ganhou, não irá necessariamente trazer-lhe qualquer benefício, especialmente quando os seus concorrentes designam todas as ofertas de uma forma semelhante.

Tem de mostrar ao potencial cliente as razões pelas quais deve ser a primeira escolha para fornecedor. Como fazer isso?

Ideia #33
Mostre aos clientes as razões
Compreender por que o seu cliente escolhe o seu negócio em vez da concorrência é o básico para o *marketing* de sucesso de qualquer negócio. É a razão por que precisa sempre de colocar aos clientes duas questões: *Como soube da nossa existência*? E *Por que nos escolheu*? (Outra razão pela qual o *feedback* é tão importante.)

A primeira questão é importante, porque irá alertá-lo para as referências e permitir-lhe voltar a quem lhe fez a referência com o conhecimento apropriado da opinião que tem de si. Lembre-se de criar um campo na base de dados chamado "referenciado por" para este objectivo específico.

A segunda questão é importante, porque as respostas irão dar-lhe um sinal sobre aquilo que o diferencia dos outros. Por exemplo, se está a publicitar o seu negócio nas Páginas Amarelas, não desperdice o seu dinheiro a comprar espaço para publicitar grandes *logos* ou fotografias suas. O espaço também não deve enfatizar a sua experiência, conhecimentos ou tecnologia de ponta que utiliza quando estas são qualidades que os seus potenciais clientes esperam de qualquer fornecedor semelhante. (Dê uma olhadela nas Páginas Amarelas da sua zona e percebe o que quero dizer.)

Seja qual for o meio que escolher, assegure-se de que a mensagem dá ao leitor as razões *por que* deve escolhê-lo, em detrimento de outras empresas. A sua mensagem precisa de se destacar das outras – de se diferenciar e não apenas de descrever – por isso as razões têm de ser boas. As próximas oito ideias oferecem algumas sugestões.

Ideia #34
Seja honesto com os clientes sobre os preços
Os profissionais do *marketing* utilizam a expressão "preços confusos". (Se quer saber o que significa, interrogue-se se tem a certeza que o seu telemóvel tem o tarifário mais adequado para si. Seja honesto, não sabe, porque as tabelas são quase infinitamente confusas – e irritantes, também.) De igual modo, as tarifas flexíveis (como as de um consultor ou contabilista, por exemplo) podem muitas vezes ser encaradas como vagas e inapropriadas. Quando vai a um restaurante, recebe um menu com os preços incluídos. É o que a maior parte dos clientes quer: transparência. Os clientes empresariais, em especial, têm orçamentos para gerir e, ao eliminar a incerteza sobre os seus custos (e mantendo o acordo), torna mais fácil para eles trabalharem consigo.

Ideia #35
Venda valor
Uma vez conheci um advogado que acreditava que vendia tempo (espero que este não fosse o seu *logo* falado!). Estava convencido disso, tal como milhares de advogados e outros profissionais de serviços de todo o mundo. Não ven-

dem tempo, vendem os benefícios de que o cliente precisa e compra. Pode ser paz de espírito, segurança financeira, cooperação empresarial, prevenção do risco, vidas mais felizes, acesso aos filhos, dinheiro dos acordos financeiros, resolução de disputas, etc. O problema com o tempo cobrável é que coloca a ênfase na actividade e não no valor ou resultados. O mesmo se passa, de facto, com tudo aquilo que vende. Pode ser um café, um automóvel ou um cruzeiro nas Caraíbas. Tudo pode ser encarado como dispendioso. Tudo só é comprado porque oferece valor. O preço de um café caro com um amigo compra alguns momentos de pausa e conversa num ambiente confortável. Um automóvel tem de fornecer uma gama de benefícios, já para não falar de fiabilidade (se o mais barato o deixa regularmente a meio do caminho, qual é o seu valor?). O cruzeiro pode ser a experiência de uma vida ou o motivo para deixar os vizinhos ruídos de inveja durante meses. Tudo tem de oferecer valor, seja quais forem os termos em que o cliente os vê. Também você tem de oferecer valor.

Ideia #36
Garanta os padrões de serviço – ou devolva o dinheiro!
Se garante a qualidade da sua oferta, então esteja preparado para o demonstrar.

Ao oferecer uma garantia de devolução do dinheiro, elimina o risco presente na tomada de decisão do potencial cliente: a garantia também representa uma declaração ousada sobre a sua confiança na qualidade que a organização oferece. Se poucas empresas oferecem isto, pode ajudá-lo com mais um motivo para se destacar da multidão. Gradualmente, à medida que mais organizações o fizerem, mais fraco será o impacto. Por isso, faça-o agora, para dar ao seu negócio uma vantagem competitiva. O meu negócio tem oferecido aos clientes este tipo de garantia há vários anos, o que ajuda a impulsionar a imagem.

Ideia #37
Ofereça aos clientes facilidades de pagamento através de cartões multibanco e de crédito

A forma clássica de fazer cobranças aos clientes é enviar uma factura e aguardar o pagamento. Muitas vezes, demasiado tempo foi gasto com clientes do tipo C e D, que não querem ou não conseguem pagar. Porque não recolher o pagamento assim que puder e possibilitar o pagamento com cartões multibanco ou de crédito? Além de serem formas convenientes de pagar, também garantem que recebe o pagamento rapidamente. Pode proporcionar benefícios adicionais aos clientes que paguem através de cartões de crédito, tais como pontos para passageiros frequentes em companhias de aviação.

Ideia #38
Ofereça um sistema de pagamento com retenção

No livro *True Professionalism,* David Maister relata que algumas empresas adquirem alguns dos produtos ou serviços que necessitam sob a condição de um sistema de retenção. Ao usar esta abordagem, um contabilista, por exemplo, cobra aos clientes empresariais a taxa normal por hora, mas o cliente paga apenas 80 por cento (ou uma percentagem aproximada) da factura, colocando os restantes 20 por cento num depósito. No final do ano, o cliente revê a apreciação de tudo o que o contabilista fez e decide então que parte dos 20 por cento vai pagar. Isto é obviamente útil quando se trata de clientes regulares. O sistema é usado por várias empresas de serviços profissionais, mas procedimentos equivalentes podem ser realizados noutros sectores da indústria.

Ideia #39
Ofereça pagamento com base no desempenho

Se algum elemento do que oferece pode ser facturado num sistema relacionado com o desempenho, irá renovar a confiança dos potenciais clientes. Por exemplo, um hotel que organiza conferências só cobra os dez por cento finais dos seus custos se, sempre que um grupo de conferencistas fizer uma pausa, o hotel estiver preparado para os servir; por outras palavras, o atraso a servir um café pode custar ao hotel dez por cento da receita daquele evento. Como alternativa, pode querer concordar com um pagamento extra, se exceder alguns critérios. É possível estabelecer diferentes variantes.

Oferecer este tipo de acordo exige coragem, porque renuncia ao controlo sobre uma percentagem do seu preço (e consequentemente das receitas) junto de clientes que podem pagar ou não, dependendo da opinião. Para algumas organizações, o risco comercial pode ser muito grande. No entanto, esta abordagem é muito mais forte do que oferecer um simples desconto.

Ideia #40
Saliente o factor confiança

Pode sentir-se orgulhoso da história da sua organização e dos seus registos. Estabeleceu uma forte presença dentro da comunidade e acredita que isto é importante para os clientes. É uma boa razão para expor junto dos potenciais clientes?

Penso que pode ser, desde que não se gabe. A história ou longevidade da organização tem pouco peso junto dos novos clientes, muitos dos quais procuram relações com indivíduos, não com a empresa.

Além disso, em algumas áreas – uma empresa de alta tecnologia, por exemplo – uma longa história pode fazê-la parecer ultrapassada, quando os clientes procuram algo novo e inovador. A confiança é a face de qualquer relação de negócios, por isso transforme a sua afirmação numa mensagem que tenha significado. Por exemplo, *gerações de clientes satisfeitos deram-nos a sua confiança*. Se serviu pessoalmente muitos clientes ao longo dos anos, então considere fazer uma afirmação do tipo: *Centenas de clientes satisfeitos depositaram a sua confiança em mim.*

Ideia #41
Ofereça algo aos seus potenciais clientes a troco de nada

Se está a pensar comprar um carro novo, quererá fazer-lhe um teste de condução. Os potenciais clientes que ainda não negociaram com a sua organização provavelmente sentem o mesmo: gostariam de lhe fazer um teste de condução, para ver se corresponde às expectativas. Se lhes puder oferecer algo gratuito, para ambos poderem criar um bom relacionamento, essa é uma boa iniciativa. Isto pode ser muito simples de fazer – oferecer uma amostra do bolo de noiva antes de apresentar os custos, altura em que o pai da noiva já sabe que é saboroso. Ou pode precisar de mais alguma organização, mas, ao fazê-lo, demonstra o desejo de colaborar para produzir resultados a longo prazo.

Colaborar com outros

Ao relacionar-se com novos clientes, por vezes pode poupar tempo e esforço, partilhando o objectivo com outros fornecedores. Pode criar um evento ou uma promoção que serve todos os envolvidos.

Pense em como pode colaborar em actividades promocionais conjuntas, tais como seminários e *newsletters*. Por exemplo, algumas vezes as organizações que fornecem apoio a novos negócios juntam-se para organizar um seminário ou feira que irá ajudar as empresas em início de actividade (pode envolver contabilistas, bancos ou serviços legais e de seguros). Os pequenos retalhistas muitas vezes colaboram na decoração de montras, como por exemplo colocar uma cadeira de praia, que pertence a outro retalhista do fundo da rua (que deu autorização), na montra da agência de viagens; e o agente de viagens pode colocar um *poster* na secção de turismo da livraria mais próxima. Este tipo de iniciativas pode reduzir os custos, poupar tempo e tornar possíveis situações que, de outro modo, seriam difíceis ou não seriam feitas.

Ideia #42
Organize um seminário/anúncio em conjunto
Li uma vez sobre uma empresa imobiliária que se juntou aos bombeiros locais e a uma empresa que fabricava alarmes para incêndios. Foi uma colaboração inteligente e eficaz. Os dentistas promovem regularmente as escovas de dentes. As companhias aéreas promovem os alugueres de automóveis. As permutas são muitas e variadas.

Ideia #43
Escreva artigos nas newsletters *de outros*
Esta é uma extensão da ideia anterior. Um organizador de conferências pode escrever um artigo na *newsletter* do hotel onde foi realizado um evento e, ao fazê-lo, ajuda a promover o seu próprio negócio. Um arquitecto pode escrever na *newsletter* elaborada por uma empresa de sondagens. Se a aliança não é concorrente, então o acordo irá ajudar ambas as partes e são possíveis muitos tipos de alianças.

Ideia #44
Contrate um orador profissional
Há alguns anos, quando era gestor de *marketing* numa sociedade de advogados, contratei os serviços de um orador profissional de topo, que era especialista em serviços profissionais de *marketing*. Contratei-o principalmente para ajudar a passar uma mensagem aos advogados com quem trabalhava, de que a responsabilidade pelo desenvolvimento do negócio era tanto deles como minha. Cobrou uma quantia elevada, mas como tinha tido a oportunidade de o ouvir previamente num seminário da Ordem dos Advogados, estava confiante de que iria atingir o objectivo. No entanto, senti que havia apenas uma remota hipótese de os meus sócios estarem preparados para entregar a quantia necessária para o ouvir falar durante uma hora e tal. Para tornar o exercício rentável, telefonei a um contabilista amigo e perguntei-lhe se queria colaborar no exercício. Ficou satisfeito com a oportunidade.

Ambos contratámos o orador por um dia. De manhã, fez dois discursos de 90 minutos aos colaboradores de cada uma das empresas. De tarde, apresentou um seminário de três horas a clientes seleccionados e convidados das duas empresas, sobre como ganhar mais dinheiro nos seus negócios. Tanto a minha empresa como a do contabilista cobrou a cada convidado uma pequena quantia para assistir. A informação do orador era tão importante, que podíamos ter cobrado aos convidados o dobro do preço de admissão. Se o tivéssemos feito, até teríamos ganho dinheiro com a iniciativa (embora não fosse esse o objectivo).

No final, cobrimos virtualmente os custos do exercício, as nossas respectivas empresas tiveram o benefício de uma sessão privada com um orador conhecido e os nossos convidados estavam deliciados. Além disso, o orador recebeu o seu pagamento!

É uma táctica que pode ser usada para ter um especialista a falar para grupos, como a sua equipa de vendas ou os seus gestores. Tais sessões podem informar ou entusiasmar, ou ambos. Embora nem todos os que escrevem livros sobre tópicos que seriam apropriados também façam conferências, esta é uma forma de identificar oradores (se gostou do livro, pelo menos sabe que aprova a forma como pensam sobre alguma coisa!).

Faça-se ouvir!

Por vezes, precisa de usar formas diferentes para fazer chegar a sua mensagem a potenciais clientes e ganhar exposição em mercados que não considerou anteriormente.

Ideia #45
Torne-se um orador profissional!
O "mundo" quer ouvir quem sabe falar com confiança sobre a sua área de especialização. Da próxima vez que for convidado para falar na conferência de um cliente, pode pensar em ser pago, em vez de o fazer de graça; e se não for

convidado, então talvez seja uma ideia que pode sugerir. A minha experiência como advogado criminal tem sido incalculável na construção do meu negócio como orador profissional. Se quer aprender mais sobre esta indústria excitante, sugiro que leia dois livros contrastantes, mas inspiradores, *Speak and Grow Rich* de Dottie e Lilly Walters e *Money Talks* de Alan Weiss. Só o facto de dizer *Senhoras e senhores* no ambiente certo pode ser o início de algo mais.

Ideia #46
Peça – e recorra a – testemunhos

Muitas organizações fazem pouca utilização dos testemunhos. Para além de proteger a identidade dos clientes, não consigo pensar em nenhuma outra boa razão para não os usar, partindo do princípio que os seus clientes estão dispostos a dá-los! É claro que, tal como as referências, os testemunhos não solicitados são sempre os melhores. No entanto, actualmente, embora os clientes possam apreciar genuinamente o que faz e estejam preparados para o recomendar, poucos têm tempo para se sentar e colocar as opiniões no papel. Por isso, pergunte aos clientes que lhe dão um bom *feedback* se estão preparados para o colocar por escrito. Se for necessário, ofereça-se para escrever o testemunho, envie-o para aprovação e peça-lhes para o escreverem numa folha de papel da empresa.

Pode colocar os testemunhos num *dossier* na área de recepção do seu escritório para os clientes lerem, como apoio para a literatura promocional (*newsletters*, brochuras e publicidade) e como parte de um documento de credenciais, tal como uma proposta. São valiosos, porque dão confiança a qualquer potencial cliente, mostrando que outros já deram o passo que eles estão a ponderar e consideraram-no positivo.

Um testemunho não deve apenas dizer que a sua organização é magnífica. Deve ter declarações específicas, explicando como é fácil trabalhar consigo, como faz as entregas dentro dos prazos (ou mais cedo!) e dentro do orçamento, e o que o cliente ganhou em resultado da sua qualidade.

Ideia #47
Escreva artigos
Para ser visto como um especialista na sua área, tem de transmitir a sua credibilidade. Artigos fáceis de ler são uma excelente forma de o fazer. Envie-os às associações industriais cujos membros são o seu mercado-alvo. Envie-os também a editores de revistas ou jornais que podem ser lidos pelo seu mercado-alvo. Não se deixe pressionar para comprar espaço publicitário na revista, como condição de publicação. Fazer boas relações públicas não é pagar para ter exposição, mas consegui-la de graça. Melhor ainda, faça com que paguem os seus artigos! Quando é publicado por uma determinada quantia, então está verdadeiramente a posicionar-se como um especialista.

Ideia #48
Escreva um livro
Se quer aumentar a sua credibilidade, escreva e publique um livro. Ou, se isto é desencorajante, pode ser co-autor de um livro, como parte de uma colaboração. Pode ser editado ou fazer uma edição de autor; conheço quem recorra às duas opções e experimente prós e contras em ambas. As abordagens às editoras têm de ser feitas correctamente e vale a pena procurar conselhos sobre como o fazer. Dois recursos muito úteis, escritos por quem conhece a indústria por dentro, são: *The Self-Publishing Manual* de Dan Poynter e *Publish for Profit* de Cyndi Kaplan.

Ideia #49
Consiga exposição mediática (favorável)
Todos os dias editores de televisão, de jornais e de programas de rádio procuram histórias, em particular notícias locais e temáticas interessantes.

Pense em fazer comentários nos *media* sobre algum assunto da sua área de actividade. Esta é uma boa forma de entrar nos meios de comunicação social. Alguns conseguem uma colaboração regular na rádio, talvez três minutos de comentários pré-gravados ou através de uma chamada telefónica; em alternativa, escrevem uma coluna regular na imprensa do sector. Por vezes encontram-se no topo de uma lista dos editores para comentar determinados desenvolvimentos. Pense quais as opções que melhor se adequam e em recorrer um gabinete de relações públicas para o encaminhar na direcção certa. Lembre-se, os jornais não estão interessados em publicar histórias que são anúncios gratuitos ao seu negócio.

> Aqui estão 12 temas genuinamente dignos de notícia:
> ◆ Nomeações.
> ◆ Comentários sobre a indústria.
> ◆ Resultados de pesquisas.
> ◆ Temas controversos.
> ◆ Mudanças de cargos.
> ◆ Factos e figuras (interessantes!).
> ◆ Prémios e conquistas.
> ◆ Eventos especiais.
> ◆ Histórias de sucesso.
> ◆ Eventos de solidariedade/da comunidade ou pedidos de ajuda.
> ◆ Informações sobre "como".
> ◆ Patrocínios.

Estabeleça um objectivo e procure encontrar uma ideia destas numa base regular.

Ideia #50
Escreva um press release

Para este trabalho pode precisar da assistência de um especialista em relações públicas.

> No entanto, se tiver de o fazer sozinho, aqui tem alguns conselhos:
> - Pesquise o estilo de escrita das publicações e escreva o seu artigo com uma abordagem semelhante.
> - Faça uma lista dos meios de comunicação social apropriados e dos nomes dos contactos, tais como editores e jornalistas.
> - Tenha a certeza de que o tema é relevante e actual para a indústria.
> - Coloque a expressão "Divulgação aos *media*" no topo da folha da nota à imprensa.
> - Considere versões duplas, por exemplo versões enviadas por correio e por *e-mail*.
> - Tenha em atenção os prazos.
> - Esteja disponível para fazer comentários por telefone.
> - Crie um título apelativo.
> - Mantenha o texto curto e directo.
> - Inclua os seus contactos no final.

Lembre-se de enviar cópias de todos os artigos (favoráveis) publicados na imprensa aos seus clientes. De facto, o material de imprensa pode ser usado de várias maneiras – numa *newsletter*, num quadro de mensagens, etc.

Ideia #51
Produza perfis eficazes e material promocional persuasivo

Nalgumas indústrias, parte do processo de criação do negócio envolve o que é muitas vezes denominado por "desfiles de beleza" – fazer licitações e propostas por escrito. Algumas organizações estão agora a optar por não percorrer este caminho para encontrar novo trabalho, dado que obriga a perder muito tempo e não é base para uma relação colaborativa, embora possam não ter escolha. O desafio é construir relações que demonstram que realmente se preocupa com o negócio de um potencial cliente, em vez de ter de fazer propostas e fingir que se preocupa num documento de oferta!

No entanto, em cenários não competitivos, é sempre útil ter alguns perfis eficazes ou material promocional persuasivo à mão.

Se lhe pedirem para apresentar uma proposta por escrito, não o faça até ter definido com o potencial cliente quais são os seus objectivos.

Depois, estruture a sua proposta de forma a incluir os seguintes dados:
- ◆ **Introdução:** descreva o que o leitor vai ler. Agradeça ao leitor pela oportunidade de fazer a proposta.
- ◆ **A sua compreensão:** demonstre que compreende as necessidades do seu leitor como potencial comprador.
- ◆ **O seu valor:** diga objectivamente o que pode fazer pelo potencial cliente.
- ◆ **As pessoas envolvidas:** se necessário, explique quem fará o trabalho ou quem está envolvido no processo; mostre a sua experiência, conhecimento e envolvimento na indústria do potencial cliente.

Em que é que a sua organização é diferente?

A verdade é que há poucas diferenças entre as grandes empresas. Uma resposta a esta questão é ser suficientemente franco para dizer que há poucas diferenças entre o que a sua organização pode oferecer e o que as outras fazem. Depois, descubra algumas diferenças-chave e concentre-se em descrevê-las, de forma a distinguir-se das outras. Estes factores podem incluir o pormenor exacto de como oferece certos serviços ou garantias, ou podem fazer com que questões menores pareçam importantes, lançando a dúvida sobre um concorrente, que não as menciona.

Por isso:
- ◆ Explique o nível de serviço que podem esperar.
- ◆ Explique pormenorizadamente o nível de comunicação e padrões de serviço, bem como qualquer garantia oferecida.
- ◆ Seja explícito sobre os custos e os prazos e pormenores associados (por exemplo, facturação).
- ◆ Indique quanto tempo demora até à entrega e tente que se adapte ao pedido do cliente (se houver atrasos, faça-os parecer razoáveis e não tente parecer melhor do que é, porque isto surgirá mais tarde para o atormentar).
- ◆ Inclua referências/testemunhos. Irão apoiar a sua causa.
- ◆ Faça perguntas sobre o negócio. Diga-lhes: *Queremos o vosso negócio – Queremos trabalhar convosco.*
- ◆ Lembre-se de escrever na linguagem deles. Evite palavras difíceis, calão e "linguagem empresarial".

Ideia #52
Faça apresentações eficazes

Com que frequência se sentou para ouvir um discurso e ficou aborrecido até ficar farto? Que tipo de impressão deixou o orador? Não muito boa, de certeza! Infelizmente, muitos especialistas são um caso perdido a fazer apresentações para uma audiência. Esta é uma competência social, empresarial e de carreira cada vez mais importante. A menos que a aprenda, e aprenda bem, arrisca-se a defraudar as expectativas e a perder oportunidades de negócio. Isso não lhe pode acontecer!

Tem de perceber que o segredo para fazer uma boa apresentação é entregar o "bife no ponto"; por outras palavras, revele conhecimento, seja interessante e tenha boa aparência. Deixe-me explicar-lhe cada um destes pontos.

Revele conhecimento
Imagine que tem marcada uma apresentação para uma audiência, porque tem algo importante para dizer (se não tem, não deveria estar a fazer a apresentação!). Ao elaborar a apresentação, coloque esta questão: *Qual é a mensagem mais importante que quero que a audiência retenha?* Seja transparente sobre o seu objectivo final.

Tente reduzir a informação a três ou quatro pontos-chave. Desta forma, a informação será mais acessível à audiência. Muitos vêem-se confrontados com o pedido para entregar um documento de apoio. O seu desafio é não ler o documento; se tudo o que fizer for ler algo que a audiência podia ler de qualquer forma, então mais valia não estar lá. Isto provoca a perda de interesse. Se conhece o assunto de trás para a frente, só precisa de uns cartões de ponto para o guiar. Se a informação que está a partilhar com a audiência é de natureza muito técnica, distribua a informação numa folha ou artigo à audiência no final da apresentação.

Seja interessante
Saber o que quer dizer é uma coisa; saber como a dizer é outra. Perguntam-me muitas vezes como é que um apresentador pode "apimentar" uma apresentação que está cheia de informações desinteressantes e potencialmente aborrecidas.

As pessoas reagem ao que podem ver, sentir, tocar, cheirar e ouvir. O desafio é tentar apelar a alguns ou a todos estes sentidos durante a apresentação.

Aqui estão algumas ideias para o ajudar:

◆ *Recorra a histórias e a relatos*

Desde crianças que gostamos de ouvir histórias. Histórias que podem ilustrar o seu ponto de vista, talvez relacionadas com *case studies*, clientes ou mesmo relacionadas com uma experiência pessoal, irão sempre reforçar a sua apresentação.

◆ *Refira fontes de informação interessantes*

Referências a uma notícia do dia, a uma passagem de um livro ou a um relatório de uma pesquisa irão ajudar a criar uma imagem na mente da audiência. Uso regularmente citações famosas ou inspiradoras nas minhas apresentações para demonstrar um ponto de vista. Se se adequar bem ao que estiver a dizer, e conseguir referi-lo de cor, será um ponto positivo. Muitas vezes, termino uma apresentação lembrando aos membros da audiência os desafios que os esperam e citando Harry F. Banks: *Se não tiver sucesso à primeira, tente e esconda o seu espanto!*

◆ *Use o humor*

Alguns apresentadores pensam que por estarem em frente a uma audiência têm carta branca para serem comediantes. Invariavelmente, esta abordagem tem o resultado oposto. Se é naturalmente engraçado, esta característica surge como parte da sua personalidade. Sugiro que utilize citações engraçadas e relatos para o ajudarem. Há muitas disponíveis nas livrarias perto de si. Uma abordagem ligeira é quase sempre melhor do que alguma coisa que começa com *Agora vou contar uma história engraçada*, especialmente se tiver um determinado objectivo e importância.

Pareça interessado e tenha boa aparência

Encontro muitas vezes oradores que parecem aborrecidos, falam num tom monocórdico e dizem *aah* e *umm* ao longo da apresentação. Isto é terrível.

Concentre-se no seguinte:
- **Tenha boa apresentação**: naturalmente, é importante estar bem vestido – seja profissional na medida em que a ocasião exige.
- **Estabeleça contacto visual**: nunca olhe fixamente para os membros da audiência, porque estes irão sentir-se desconfortáveis. Varie o contacto visual entre eles, de preferência entre aqueles que já conhecia antes da apresentação.
- **Apresente com ou sem notas**: não é importante se a apresentação é feita com ou sem notas. Se conhece o tema suficientemente bem e pode apresentá-lo sem recorrer a notas, irá reforçar na mente da audiência a percepção de que é um especialista; nesse caso e, acima de tudo, independentemente de como o faça – mostre-se confiante.
- **Seja ouvido**: em primeiro lugar, tem de ser ouvido; se a sua voz for fraca, fale ao microfone. Em segundo lugar, varie o tom, para a voz não ser monótona. Em terceiro lugar, varie o ritmo, para que o ritmo seja lento nalgumas partes e mais rápido noutras. Pense nos comentadores televisivos de desporto!
- **Faça pausas**: não sinta que precisa de estar sempre a falar. Fazer pausas e criar três a quatro segundos de silêncio depois de falar de um ponto importante dá à audiência tempo para digerir o que disse e dá-lhe tempo para recuperar o fôlego, mental e fisicamente!
- **Envolva a audiência**: colocar questões como *Vamos lá ver quantos de vocês...?* põe a audiência a cooperar consigo. Pedir que partilhem

uma ideia com quem está sentado na cadeira ao lado pode quebrar o gelo e afastar a atenção de si durante algum tempo. Talvez precise de um voluntário da audiência para o ajudar numa demonstração. Isto pode criar alguma animação durante uma apresentação.

◆ **Saiba como o equipamento técnico funciona**: não perca credibilidade porque não sabe utilizar microfones, PowerPoint ou projectores. Recentemente, observei a abertura desastrosa de uma grande conferência, quando os dois primeiros oradores, ambos directores de uma organização internacional, tentaram fazer uma apresentação em PowerPoint, mas pressionaram o botão errado no computador e não faziam ideia de como sair da situação. A audiência estava em silêncio, enquanto os oradores ficavam atrapalhados. Se estiver dependente de equipamento audiovisual como parte da sua apresentação, esteja familiarizado com ele – *verifique sempre tudo antes de começar*.

O sucesso como orador não acontece do dia para a noite. Mas, se colocar estas ideias em prática, estará no bom caminho.

Mais do que uma forma de fazer *networking*

Usar uma rede de contactos para se relacionar com novos clientes parece óbvio, mas precisa de ser trabalhada e funciona melhor se utilizar uma abordagem sistemática.

Ideia #53
Vá a uma reunião por semana

Não vai conhecer potenciais clientes sentado na sua secretária! Arranje tempo para frequentar reuniões da associação do seu sector, clubes e grupos de negócio, como a câmara de comércio local, a que pertencem os seus clientes. Nesses encontros, tem a oportunidade de conhecer potenciais clientes e desenvolver novas relações. Leve os seus cartões de visita consigo.

Ideia #54
Use ambos os lados dos seus cartões de visita

A maior parte dos cartões de visita parecem todos iguais. Mostram o nome da organização nas letras maiores, o nome do indivíduo a meio e o seu estatuto (função) por baixo do nome. Listam os números de telefone e fax num tamanho de letra mais pequeno, com o *e-mail* e endereço do *site* em letras ainda menores. O outro lado está geralmente em branco.

> Se o seu cartão for como este, pense em fazer as seguintes modificações:
> - Coloque o seu número de telefone directo por baixo do seu nome ou a negrito. O motivo por que ficam com o seu cartão é, precisamente, para lhe poderem telefonar. Quantas vezes marcou um número de fax por engano, porque os números de telefone e de fax não se conseguiam distinguir um do outro?
> - O seu cartão deve transmitir o que faz, não apenas o que é. Em vez de dizer a sua função, pense em escrever algo sobre a sua área de conhecimento. Melhor ainda, inclua o seu *logo* falado.
> - Utilize a parte de trás do seu cartão para dar informações úteis. Por exemplo, coloque o título *Como nos encontrar* com um mapa das

- ruas impresso, o seu *logo* falado, ou uma lista das actividades ou produtos da sua organização.
- ◆ Imprima a sua fotografia na parte da frente. Não porque seja necessariamente material para modelo, mas porque a sua foto ajuda a que se lembrem de si. Isto funciona com milhares de empresários (alguns usam um desenho a lápis ou mesmo um *cartoon*).
- ◆ Faça uma lista dos organismos ou redes profissionais a que pertence. Isto ajuda-o a comunicar com outros membros da mesma organização.
- ◆ Tenha mais do que um cartão para ocasiões ou clientes diferentes.

Ideia #55

Valorize os seus fornecedores

O êxito do seu negócio depende, até certo ponto, da qualidade dos seus fornecedores. Estes são quem lhe fornece o material de escritório, o *hardware* e *software* dos computadores, o mobiliário, os carros, o papel higiénico, as bebidas alcoólicas, os desenhos gráficos, as *newsletters*, os elevadores, o espaço do escritório, as fotocopiadoras, as impressoras, os serviços de telefone e o seu pessoal (consultoria de recrutamento). Onde compram o que fornece? Talvez tenham outros clientes a quem o possam referir? Os seus fornecedores são uma fonte potencial de novos negócios, se estiver à procura deles. Seja atencioso com os seus fornecedores e eles serão atenciosos consigo.

Ideia #56

Ocupe o seu lugar no ciberespaço!

O mundo das tecnologias de informação está a mudar, até mesmo enquanto escrevo este parágrafo! É seguro dizer que o *e-mail* e os *sites* se tornaram importantes ferramentas de comunicação e de promoção. Há muitos especialistas que o podem aconselhar a estabelecer os sistemas apropriados para satisfazer as suas necessidades. Não utilize o seu *site* como mais uma brochura de glorificação – use-o para marcar uma posição e se distinguir das outras empresas. Não copie deliberadamente outros *sites*; em vez disso, aprenda com eles. Vale a pena pagar a um especialista para o ajudar a tirar o maior partido das oportunidades. Acima de tudo, assegure-se de que o seu *site* é fácil de navegar; muitos cansam-se facilmente com algo lento e complicado e param de pesquisar.

Ideia #57
Patrocine
Pense em patrocinar uma instituição de solidariedade social, uma causa ou uma reunião que lhe irá dar exposição positiva. Assegure-se de que sabe a diferença entre uma doação para a solidariedade social e um acordo para patrocínio. O primeiro é uma simples doação; o segundo pode dar-lhe direito a nomes, moradas e direitos de nomeação. Mesmo iniciativas de pequena escala funcionam bem. Conheço uma empresa que patrocina um grupo de teatro amador local. O grupo é bom, por isso a empresa convida os clientes para as peças. São também patrocinados por uma casa de campo local, onde também actuam, o que é um sítio magnífico e exclusivo para fazer recepções antes do espectáculo.

Ideia #58
Ofereça-se para falar nas reuniões e conferências da associação industrial a que pertencem os seus clientes
Demasiados encontros de *networking* acabam com uma "palmadinha nas costas". Isto não o faz ganhar nenhum negócio. Contudo, a sua presença como orador numa reunião da associação industrial de um actual ou potencial cliente demonstra o seu interesse, posiciona-o como um especialista naquela área e coloca-o em contacto com uma grande variedade de potenciais clientes.

Poderá descobrir que não há muitos concorrentes na sala! Assim que se tenha afirmado junto daquele grupo como orador, comece a cobrar uma quantia para falar. Quem sabe onde isso o poderá levar? Geralmente, os oradores, que falam sobre temas de Gestão, transmitem uma importante mensagem e podem pedir uma quantia razoável. Seja ousado!

Ideia #59
Transforme o seu escritório num café

Próximo do meu escritório existe uma loja que vende livros e serve café. Alguns podem chamar-lhe um café com uma livraria integrada. É, na verdade, uma livraria com um pequeno bar, que serve cafés aos clientes enquanto estes pesquisam os livros mais recentes na prateleira. Por que não ser diferente e transformar o seu escritório em algo semelhante? Demasiado ridículo, pensa você? Bem, no Lakewood Shopping Center em Dallas, no Texas, o advogado David Musslewhite fez isso mesmo e transformou o seu escritório num café. A Legal Grounds Law and Coffee é agora bem sucedida como café e como escritório de advocacia. Se funciona num campo tão especializado, pode funcionar consigo. Também já o vi a funcionar num *showroom* de equipamentos de escritório.

No próximo capítulo, iremos abordar as relações com os seus colaboradores.

por que é que os empreendedores devem comer bananas

case study

Moneypenny

Rachel Clacher é uma das sócias da Moneypenny, um serviço de atendimento telefónico com sede em Wrexham, no Norte do País de Gales, na Grã-Bretanha. Começou a empresa com o irmão, Ed Reeves, em 2000. A Moneypenny transformou a forma como centenas de pequenas empresas e negócios por conta própria lidam com o serviço de atendimento telefónico. Em 2004, a empresa ganhou o *Orange National Award "Small is Beautiful"*. A empresa emprega actualmente 53 colaboradores a tempo inteiro e tem uma lista de clientes de mais de dois mil negócios.

Como começou a sua empresa?

Eu e o meu irmão Ed andávamos à procura de um projecto. Até àquela altura, ambos tínhamos tido pequenas empresas. Ed precisava desesperadamente de uma assistente pessoal ou "Moneypenny" para tomar conta dos recados, enquanto estava de férias. Procurou um serviço de atendimento e encontrou um no Sul de Inglaterra.

O seu telefone foi reencaminhado para esta empresa enquanto esteve fora. Um dos seus maiores clientes ligou, explicando que estava a ter dificuldade em enviar um fax para Ed. A operadora do outro lado disse simplesmente: "O que está a espera que eu faça, somos apenas um serviço de atendimento de chamadas!" Como resultado, Ed perdeu o cliente. Se a operadora se tivesse preocupado com o negócio dele, isto não teria acontecido. Devia ter procurado uma solução. Este incidente levou-nos a pensar, por que é que não havia um serviço de atendimento responsável e gerido por alguém que se preocupe? Mais tarde, Ed e eu passámos algumas noites em *pubs*, escrevendo ideias nas costas das bases para os copos de cerveja, imaginando a melhor forma de introduzir este conceito no mercado.

Olhando para trás, tinham ideia daquilo para onde estavam a caminhar?
Não, não tínhamos. Em alguns aspectos, a ignorância é o paraíso. Se soubéssemos quais seriam as exigências das tecnologias de informação teríamos fugido.

Qual foi o maior desafio que enfrentou?
Houve três em particular. O primeiro foi conseguir que os bancos nos concedessem a possibilidade de débito directo, de modo a que pudéssemos passar uma factura ao cliente e apresentar um pedido de débito directo no banco do cliente para pagamento imediato. Precisávamos disto por duas razões: para melhorarmos o nosso *cash flow* e para nos posicionarmos à frente da concorrência. Depois de meses de recusas, não desistimos. Finalmente, encontrámos um gerente bancário compreensivo que acreditou em nós. A partir daquele momento, podíamos usar o nosso tempo para procurar clientes em vez de dinheiro.

O segundo desafio foi gastar 70 mil libras num novo sistema telefónico que conseguia comportar dez mil clientes. Tínhamos de acreditar que íamos ser suficientemente grandes para justificar este investimento.

O terceiro desafio foi gastar um milhão de libras num novo escritório. Comprámos uma fábrica que estava fechada e remodelámo-la. Trabalhamos actualmente nos 1.800 metros quadrados do segundo andar e agora, que estamos a preencher o espaço quase por completo, começámos a remodelar os 1.800 metros quadrados do primeiro andar. Alugar um espaço destes teria custado uma fortuna.

O que torna a Moneypenny diferente de outros serviços de atendimento telefónico?

A qualidade do nosso pessoal e as relações que desenvolvem com os nossos clientes. Temos uma excelente equipa. Acreditamos que devem ser estimulados pelo trabalho e sentir-se tão confortáveis quanto possível no escritório. A minha tendência foi sempre a de querer puxar pelos colaboradores e desenvolvê-los profissionalmente. Na Moneypenny, temos uma verdadeira combinação de perfis: os que querem o desenvolvimento profissional e os que querem apenas fazer um bom trabalho e voltar para casa. Descobrir que nem todos se querem desenvolver profissionalmente foi uma lição para mim.

Como motiva a sua equipa?

Recrutamos com base na atitude, não nas competências. Envolvemos os nossos colaboradores e oferecemos-lhes pacotes pouco convencionais, que desenvolveram connosco. Não estabelecemos objectivos. O local de trabalho nem parece um *call center*. Se temos problemas, discutimo-los.

Quando começámos, tínhamos uma política flexível de faltas por doença e, mesmo assim, existiam abusos. Falámos com todos sobre isso e sugeriram uma solução. Agora todos têm direito a três dias anuais pagos de ausência por doença e a cinco "dias em que o cabelo está horrível" adicionais por ano. Estes são dias pessoais que podem ser usados para ir às compras, casamentos e eventos especiais, e só podem ser reservados com três semanas de antecedência. Se não foram usados, são pagos. O impacto na moral da equipa foi muito positivo. Adicionalmente, celebra-

relação com novos clientes

mos os aniversários dos colaboradores, concedemos empréstimos sem juros, organizamos almoços mensais e até lavamos os nossos carros uma vez por mês. Arranjamos alguém que o faça e pedimos uma contribuição aos colaboradores para uma instituição de saúde local.

O que teria feito de forma diferente?

Teria recrutado com base na atitude, desde o primeiro dia. Não apenas os nossos colaboradores, mas também os fornecedores. Se tivesse estabelecido os mesmos critérios para o nosso primeiro contabilista e o nosso advogado, teríamos poupado uma grande quantidade de dinheiro e de preocupações. O meu objectivo neste momento é garantir que por esta altura, no próximo o ano, não estejamos a olhar para trás e a dizer que devíamos ter passado mais tempo a trabalhar sobre o negócio e não nele.

Como consegue tempo para conciliar os seus compromissos de trabalho com os familiares?

Não consigo – sou derrotada! Com três filhas pequenas, um marido com o seu próprio negócio e as exigências da Moneypenny, a vida está "preenchida". A chegada da Moneypenny à minha vida podia ter sido melhor programada, mas não podemos escolher quando as coisas acontecem. Temos de agarrar as oportunidades e tentar que as coisas funcionem da melhor maneira possível para todos os envolvidos. Felizmente, Ed está no mesmo barco – os dois juntos temos um total de cinco filhas (a futura força de trabalho da Moneypenny?!), por isso fazemos distinções claras entre trabalho e tempo para a família. É o que se encontra entre os dois que é difícil: tentar arranjar uma hora por semana para jogar ténis é muitas vezes a última gota! Mas haverá muito tempo para jogar ténis no futuro e, entretanto, temos de atribuir prioridades para minimizar a "derrota"!

Que conselho dá aos jovens empreendedores?

Não teria começado este negócio sem o meu irmão, Ed. A minha tendência foi sempre perguntar "Por que é que mais ninguém fez isto?" e assumir que os outros sabem algo que eu não sei. Ed vê apenas que "mais ninguém fez isto", o que lhe permite acreditar que o pode fazer. Por isso, o meu conselho a jovens empreendedores é que tenham confiança em si próprios. Tem tudo a ver com o receio de falhar com que nos deparamos todos os dias. Podemos viver com isso e não fazer nada, ou viver com isso e fazer alguma coisa. A escolha é sua!

▷ *A Moneypenny está* on-line *em: www.moneypenny.biz*

5 relação com os seus colaboradores

> *A convenção dita que uma empresa se preocupe com os accionistas em primeiro lugar, os clientes a seguir e que a última das suas preocupações sejam os seus colaboradores. A Virgin faz o oposto...*
>
> SIR RICHARD BRANSON

Há alguns anos, tive a sorte de estar a bordo do *Maiden Voyager* no voo inaugural da Virgin Atlantic, entre Londres e Nova Iorque. Foi um dia memorável e senti-me como se estivesse a testemunhar a História enquanto é feita. Provavelmente estava, porque desde então a Virgin Atlantic tornou-se a jóia da coroa do Virgin Group, uma organização que é agora uma das empresas mais visíveis e mais bem sucedidas da Grã-Bretanha. Também ganhou a reputação de ser uma das melhores organizações para se trabalhar. Talvez seja um reflexo da filosofia do fundador, Richard Branson, que considera ser mais importante satisfazer quem está associado ao negócio do que apenas gerar lucros.

Enfatizar o valor das pessoas nos negócios não é, claro, nada de novo. A frase *Os nossos colaboradores são o nosso activo mais valioso* tem sido anunciada pela maior parte dos CEO e administradores do mundo inteiro. O problema é que, demasiadas vezes, é onde tem ficado – nos anúncios!

A verdade "nua e crua" é que a maioria das organizações encara os lucros como uma prioridade, acima de tudo o resto. Para a maioria, o pensamento convencional molda os valores que determinam a forma como as coisas são feitas: primeiro os lucros, a seguir os clientes, depois a equipa. Se tem dificuldades em aceitar esta premissa, como se explica que a principal medida de sucesso em tais organizações seja financeira – atingir ou exceder o orçamento?

Não é surpresa que conseguir atingir o orçamento seja a principal medida de sucesso e que todas as energias se devam concentrar em actividades que proporcionem esse objectivo. Com tantas outras pressões, a maior parte das organizações precisa actualmente de concentrar as suas energias noutras áreas; é óbvio que está na altura de começarmos a pensar de outra forma em relação às prioridades.

O custo da substituição de colaboradores

O resultado final de não tratar os seus colaboradores como o activo mais importante é considerável. Os estudos mostram regularmente o elevado custo de substituir pessoas, quando estas abandonam uma organização. Não é surpreendente: um tal custo tem de incluir o pagamento da ruptura de contrato, os custos de recrutamento, formação e *briefing* e, talvez, o tempo para "ficarem a conhecer os cantos à casa". Com base nisto, de certeza que muitas empresas perdem somas significativas, todos os anos. O custo tem de ser pago por alguém – e, em última análise, isso significa que o preço é influenciado bem como o que os clientes pagam.

Avaliar os custos dos colaboradores que abandonam uma organização pode ser uma recordação do valor dessas pessoas, mas compreender as

relação com os seus colaboradores

causas que determinam a decisão de alguém sair é de extrema importância. Muitas organizações têm um sistema de entrevistas na altura da saída, para as ajudar a compreender quais são as causas. O dinheiro não é sempre a resposta. Segundo a australiana Deborah Zurnamer, de uma empresa de recrutamento:

> *Os dois motivos mais comuns que ouvimos sobre o abandono de um emprego resultam do facto de os outros não darem valor ao seu trabalho ou de serem tratados com brusquidão ou rudeza.*

Uma sondagem, embora realizada junto de quem tem razoavelmente mais responsabilidade, revelou as seguintes razões-chave para o abandono:
- ◆ Falta de tempo para si próprio, para a família e para os amigos devido a pressões do trabalho.
- ◆ Fraca comunicação e isolamento dentro da organização.
- ◆ Falta de formação e de acompanhamento dentro da organização.

Estes e outros factores, que obviamente se relacionam com a falta de apoio e de envolvimento, aparecem várias vezes nestes estudos. Veja as duas colunas da tabela que se segue: cada uma enumera os atributos típicos de dois tipos de organizações. A da esquerda tem o tipo de cultura organizacional que se relaciona com os seus colaboradores, enquanto a da direita não o faz; o que pode ser considerado como um fracasso.

Gestores que se relacionam	**Gestores que não se relacionam**
◆ Tentam a excelência	◆ Toleram a mediocridade
◆ Confiam nas pessoas e dão autonomia	◆ Mandam e controlam
◆ Cooperam uns com os outros	◆ São burocratas
◆ Procuram soluções	◆ Procuram problemas
◆ Ganham a lealdade	◆ Tentam comprar a lealdade
◆ Estão interessados nos outros	◆ Apostam na hipocrisia para o desenvolvimento
Organizações que se relacionam	**Organizações que não se relacionam**
◆ Criativas	◆ Mecânicas
◆ Dinâmicas	◆ Sem paixão
◆ Cheias de pessoas que arriscam	◆ Vazias de ideias
◆ Corajosas	◆ Cobardes
◆ Desafiadoras	◆ Conformadas
Colaboradores entusiasmados	**Colaboradores sem objectivos**
◆ Perseguem a sua paixão	◆ Perseguem a sua pensão
◆ São leais	◆ São desleais
◆ São de confiança	◆ Não são de confiança

Pergunte a si próprio: a cultura na qual trabalha (e que pode criar) gera relacionamentos ou não?

Gerir para manter a sua equipa

Espero nesta altura já ter mostrado que, para se relacionarem com os colaboradores, as organizações têm de deixar cada um ser como é. Não estou a defender uma cultura doce e idealista do tipo *somos uma grande família feliz*. Existe demasiada diversidade nos negócios para que isso aconteça. No entanto, as organizações que confiam em fórmulas, hipocrisia ou manuais de conduta para promover a harmonia, a lealdade e a coesão estão condenadas ao fracasso. Tais técnicas simplesmente não irão cativar o coração e a mente das pessoas. Como o industrial brasileiro Ricardo Semler escreveu: *Eles retiram a liberdade e não dão nada em troca, a não ser um falso sentido de disciplina e conformidade.*

Então, como podem as organizações e os seus gestores relacionar-se mais com os seus colaboradores?

Ideia #60
Trabalhem em conjunto como qualquer equipa desportiva

Qualquer um que trabalhe no negócio, desde aquele que distribui o correio até ao director, faz parte da sua equipa. Para as equipas trabalharem de uma forma coesa, todos os seus membros precisam de trabalhar em conjunto. Tal como qualquer equipa desportiva, pode ter as suas estrelas, mas todas elas precisam do apoio dos membros da equipa para alcançarem o sucesso. E não nos esqueçamos que as boas equipas também têm fãs loucos que gastam dinheiro regularmente e apoiam o clube!

Ideia #61
Elimine o medo do local de trabalho

Um novo director executivo foi nomeado pouco tempo depois de ter começado a trabalhar numa agência de publicidade, depois de ter concluído os estudos de pós-graduação. A primeira coisa que fez foi despedir cerca de 50 colaboradores, que eram considerados excessivos para as exigências da organização. Escusado será dizer, as suas acções tiveram um efeito desmoralizador em quem ficou. Ao criar uma atmosfera de medo, motivou a equipa a fazer uma coisa – a justificar a sua presença e a agarrar-se aos empregos. Aquele director executivo não ficou muito tempo no cargo.

Ideia #62
Comece a liderar ou pense em sair

Historicamente, as gestões de topo não têm sido sinónimo de liderança, mas deviam ser. Muitos gestores de topo alcançaram o estatuto não tanto por mérito, mas por falta de alternativas ou por serem um dos *boys* (o que talvez explique por que tão poucas mulheres se tornaram CEO). No actual ambiente dinâmico dos negócios, já não há espaço no topo para gestores que não conseguem imprimir uma liderança forte.

Muitos livros foram escritos sobre liderança. Embora tenha sido escrito em 1939, o livro de Napoleon Hill *Think and Grow Rich* é um monumento à realização pessoal e é encarado como o fundamento da motivação moderna. Durante três décadas, Hill estudou, entrevistou e interpretou os hábitos, atitudes e conhecimento de grandes figuras da História – inventores brilhantes como Thomas Edison e homens de negócios como Andrew Carnegie.

> Segundo Hill, um verdadeiro líder é alguém que:
> - É corajoso.
> - Tem autocontrolo.
> - Tem um elevado sentido de justiça.
> - É decidido.
> - Planeia o trabalho e trabalha o plano.
> - Faz mais do que aquilo que recebe.
> - Tem uma personalidade agradável.
> - É simpático e compreensivo.
> - Domina o pormenor.
> - É cooperativo.

Estas são excelentes qualidades para alimentar e para demonstrar aos seus colaboradores.

> *A liderança tem a ver com encorajar os outros a terem confiança e segurança em si.*
>
> DAVID LANGE

Ideia #63
Conheça toda a sua equipa

Uma colaboradora que trabalhava numa organização que conheci contou-me como tinha ido à área de recepção, onde um director se apresentou, perguntou quem ela era e disse que nunca a tinha visto antes no escritório. Ela disse-lhe o nome e anunciou que, na verdade, já lá trabalhava há dois anos! Isto não devia acontecer em nenhuma organização de tamanho controlável.

Noutra ocasião, durante uma pesquisa, pedi a um grupo de colaboradores para nomearem uma coisa que os seus empregadores podiam fazer para melhorar o desempenho. Um escreveu: *Seria simpático que o meu supervisor se lembrasse do meu nome*!

A moral das duas histórias: certifique-se de que conhece quem trabalha na sua equipa. As verdadeiras ligações e o apoio são pouco prováveis num ambiente onde há tão pouco contacto entre as pessoas.

Ideia #64
Elimine a exclusividade ao almoço

Os almoços – especialmente quando uma empresa tem algum tipo de refeitório – podem ser elitistas. Podem reforçar a cultura do "eles e nós" associada às organizações hierárquicas. Em vez disso, abra as portas da sala da administração a todos – gestores de topo, supervisores, assistentes, recepcionistas, telefonistas, entregadores de correio e toda a equipa de gestores. Certifique-se de que os executivos de topo não ficam todos juntos. Ponha-os a falar com os colaboradores mais juniores na escala hierárquica e com os mais recentes recrutamentos da equipa. Garanta que têm um interesse sincero por eles. A ideia será apreciada, podem aprender algo uns com os outros e prepara o cenário para futuras actividades de relações sociais.

Ideia #65
Torne as suas equipas responsáveis pela gestão dos orçamentos
Muitas organizações estão divididas em sectores à volta de áreas de actividade ou especialização. Estes sectores devem ser tratados como unidades de negócio e devem ser-lhes dados os recursos financeiros para fazerem a sua parte do trabalho no negócio. Torne-os responsáveis e responsabilizáveis, mas deixe-os decidir como gerir o orçamento. Não devem ter de pedir autorização sempre que quiserem gastar dinheiro em actividades de desenvolvimento do negócio. Um maior envolvimento desta natureza provoca quase sempre uma concentração das mentes e faz as coisas funcionarem melhor.

Ideia #66
Confie nos seus colaboradores
Lembro-me de falar com um gestor que se queixou da falta de confiança que o director-geral parecia ter nele e noutros colegas do mesmo nível hierárquico. Aparentemente, o director-geral andava pelo escritório depois do almoço, às 14h10, para verificar se ele e os colegas não estavam a prolongar o intervalo para almoço e estavam a trabalhar nos projectos que tinham em mãos! Assumindo que foram contratados devido às suas capacidades, então deviam ter confiança neles para desempenhar o trabalho. É certo que "a gestão junto dos colaboradores" funciona e os superiores hierárquicos precisam de o fazer, mas não no papel de polícia.

Ideia #67
Recrute em primeiro lugar pela personalidade
Muitos anúncios de recrutamento enfatizam a necessidade de os candidatos terem um certo número de anos de experiência ou possuírem determinada especialização. Há muitos que podem estar qualificados. No entanto, a maior parte dos empregos exige que saibam comunicar internamente (e com clientes), que sejam agradáveis e bons elementos de equipa, não apenas pessoas inteligentes! Por isso, quando recruta para a sua equipa, dê prioridade aos critérios de selecção. Procure primeiro personalidade, em segundo lugar competências e conhecimento e, por último, experiência.

Ideia #68
Vista-se de forma pouco convencional
Está a tornar-se mais aceitável, na maior parte das culturas, ir trabalhar com roupas elegantes, mas informais. O fato está fora de moda para muitos "empresários". Outras organizações têm agora a política de deixar os colaboradores usar roupa informal um dia por semana – o que alguns denominam como "o dia informal". Porquê apenas um dia, questiono-me? E por que é que esse dia é muitas vezes a sexta-feira? Se é suficientemente bom para a sexta-feira, por que não é suficientemente bom para todos os dias da semana? Tendo trabalhado em advocacia e no sector da publicidade, interessou-me ver como os executivos seniores dos dois sectores se vestem de forma diferente. As organizações das duas indústrias por vezes partilham os mesmos clientes, cobram uma taxa elevada pelos seus serviços e, no entanto, vestem-se de maneira muito diferente. Outras variam entre estes extremos. Richard Branson é encarado como um dos empresários britânicos mais admirados – alguma vez o viu de fato e gravata?

Ideia #69
Respeite a sua equipa de gestão

As organizações gastam grandes quantidades de dinheiro a contratar colaboradores altamente qualificados para trabalharem num leque de áreas envolvidas com o "impulsionamento do negócio".

Analise esta lista (que continua a aumentar, à medida que as funções evoluem):
- Gestor de desenvolvimento do negócio.
- Gestor de *marketing*.
- Gestor de relação com os clientes.
- Gestor de produto ou marca.
- Gestor de conta.
- Gestor de vendas.

Tais títulos de funções são inúmeros (muitos deles procuram dar maior importância a funções que podiam ser facilmente descritas; trabalho com um vendedor que me denomina como o seu director de conta para as relações internacionais!). Estes profissionais têm um excelente emprego e, no entanto, muitas vezes confessam abertamente que se sentem frustrados pelas ocasionais atitudes desrespeitosas exibidas perante eles, porque o *marketing* e as vendas não são compreendidos dentro das organizações.

Pergunte-lhes o que pediriam, se um génio lhes concedesse um desejo. A resposta seria: uma mudança de cultura nas atitudes dos colegas em relação ao serviço a clientes, *marketing* e desenvolvimento do negócio. OK, o *marketing* é de certa forma complexo mas, se as pessoas não o compreendem, é tanto culpa dos que trabalham em *marketing* como de qualquer outro.

Uma explicação mais alargada das funções de cada um dentro da organização é um bom apoio. Até mesmo persuadir os outros de que os vendedores não são preguiçosos, só porque recebem um carro da empresa e raramente estão no escritório, seria um começo. A expressão "cultura do *marketing*" entrou na linguagem comum. Estão envolvidos tantos colaboradores em ajudar a vencer, a manter e a desenvolver o negócio, que uma consciência geral das funções é realmente importante em muitas organizações.

As medidas tomadas para explicar e aumentar o perfil do *marketing* como uma função vital são valiosas. Uma coisa que pode fazer é pôr as pessoas a ler algo sobre *marketing*. Tente *Marketing Stripped Bare*, no qual o autor, Patrick Forsyth, desmistifica o *marketing* num estilo concebido para ser humorístico e, desse modo, mais apelativo para quem não é da área do *marketing* e com maiores probabilidades de ser lido.

Ideia #70
Tenha sucesso a delegar

Que percentagem do seu trabalho podia ser feito por alguém menos experiente? Geralmente, nos meus seminários, a percentagem (muitas vezes admitida com relutância) entre os participantes pode chegar a 50 por cento. Isto não é eficiente, nem é bom para si, porque está a desempenhar tarefas que alguém com a sua experiência não deveria estar a fazer e o desejo de fazer tudo sozinho inibe alguém menos experiente da oportunidade de aprender. Analise as tarefas que normalmente desempenha e identifique aquelas que podiam ser delegadas. Ao tornar-se mais eficaz a delegar, liberta mais tempo e torna a vida um pouco mais fácil. Evite a tentação de fazer tudo sozinho e pratique as próximas duas ideias.

Ideia #71
Dê instruções objectivas

Certifique-se de que a quem está a delegar compreende:
- ◆ O historial do projecto.
- ◆ O que quer que seja feito.
- ◆ Quanto tempo deve gastar nas tarefas.
- ◆ Quando e como deve apresentar um relatório.
- ◆ Onde obter ajuda: por exemplo, que recursos de informação estão disponíveis.
- ◆ Quem é responsável por quê: por exemplo, em lidar com clientes.

Despender tempo a fazer isto irá evitar perder muito tempo mais tarde a corrigir os erros. Dê aos elementos mais novos da sua equipa a lista do Apêndice E. Depois de dar as instruções, peça-lhes para lhe descreverem o que devem fazer utilizando a frase *para ter a certeza que o expliquei com clareza*, em vez de sugerir que os está a controlar.

Ideia #72
Transmita e peça feedback

Esta é a parte crucial da delegação bem sucedida. As minhas observações confirmam que esta é uma área onde os supervisores falham muito e, no entanto, é um dos aspectos que os colaboradores mais valorizam. Não pense que o *feedback* é algo que pode esperar até uma avaliação anual. É um processo contínuo.

relação com os seus colaboradores

> Certifique-se de que é:
> ◆ Construtivo – concentra-se em primeiro lugar nos aspectos positivos.
> ◆ Consistente – é entregue regularmente.
> ◆ Actual – é transmitido pouco depois do desempenho.
> ◆ Exaustivo – discute todos os aspectos.
> ◆ Franco – é honesto e aberto.

Como escrevi anteriormente, os bons gestores insistem nas más notícias, por isso faça uma pausa para estimular o *feedback* da sua equipa. Incluídos nos apêndices (F, G e H) do final do livro estão três questionários que pode utilizar como exercício para a sua equipa.

O Apêndice F é um questionário sobre o desempenho da equipa, que pode entregar aos membros da sua. O Apêndice G é um autoquestionário para os membros da equipa e o Apêndice H é um autoquestionário para os gestores completarem. Siga as instruções no topo de cada questionário e pode ficar surpreendido com os resultados que consegue!

Ideia #73
Seja um ombro onde se pode chorar
Vai ajudar no desenvolvimento de alguns se puder agir como conselheiro, quando tomam medidas difíceis sobre os caminhos que devem percorrer na carreira. Pode sugerir que olhem para o Apêndice A, que apresenta algumas questões que deviam ser consideradas quando planeiam as suas carreiras. Têm de compreender que planear o futuro é da sua própria responsabilidade, não dos seus empregadores. Talvez o melhor conselho que possa dar seja as palavras sugeridas por David Maister:

> *Faça o que gosta.*
> *Não escolha algo de que não gosta só porque é aquilo que pensa que nós queremos.*

Ideia #74
Dê a todos um cartão de visita

Todos os que trabalham na sua organização são embaixadores dessa organização. Não têm de ser gestores para a representar.

> Todos deviam ter cartões de visita por duas razões:
> - **Em primeiro lugar**, porque envia uma mensagem motivadora para os seus colaboradores, de que não são cidadãos de segunda classe e sim uma parte importante da equipa.
> - **Em segundo lugar**, porque os seus colaboradores andam lá fora na comunidade, a elogiar a sua organização e o que ela faz, podem entregar cartões a quem conhecem socialmente e que podem ser potenciais clientes (ou colaboradores ou *opinion makers*... ou outros).

Antes de começar a pensar no custo desta iniciativa, comece a pensar nos benefícios. Pense de forma positiva.

Ideia #75
Comemore o sucesso

Num dos meus seminários, um gestor disse-me que a sua organização nunca tinha celebrado qualquer sucesso, não porque nunca o tivesse tido, mas porque estavam tão dedicados aos acontecimentos do dia-a-dia, que raramente tinham tempo para reflectir nas conquistas. Várias semanas depois deste seminário, telefonei-lhe para saber o que tinha feito sobre o assunto. Disse que a empresa tinha pago o jantar a todos os colaboradores e gestores num pequeno restaurante da cidade – uma iniciativa que provou ser um importante impulso para a moral da equipa.

Comemore o seu sucesso e conquistas e nunca os encare como garantidos. Comemore quando a equipa ganhar uma encomenda rentável ou negociar um bom acordo, ou quando alguém receber publicidade positiva.

Ideia #76
Convide todos os meses os seus colaboradores para assistir a um filme inspirador

Uma excelente forma de pôr a equipa a falar e a pensar sobre as prioridades da vida é mostrar-lhes um filme inspirador. O meu favorito é *O Clube dos Poetas Mortos*, com Robin Williams como Mr. Keating, o professor que faz a diferença na vida dos estudantes. Contacte um cinema local e alugue-o para uma sessão privada. Convide também os seus clientes. Se isto parece demasiado afastado do mundo dos negócios, existem muitos filmes interessantes. Conheço uma empresa financeira muito activa, que todos os meses apresenta um filme durante a hora de almoço e os colaboradores vão vê-lo com as sanduíches na mão. Não é desperdiçado tempo e, no entanto, é divertido e instrutivo, e pode ser ligado a outras actividades de desenvolvimento.

> *A raça humana está cheia de paixão, medicina, leis, negócios, engenharia – estes são interesses nobres e necessários para manter a vida humana; mas a poesia, a beleza, o romance e o amor – é por isto que nos mantemos vivos.*
>
> MR. KEATING

Ideia #77
Invista dinheiro no desenvolvimento pessoal e profissional da sua equipa

Muitos organismos profissionais tornam obrigatório que os seus membros continuem a sua educação especializada e técnica e frequentem anualmente um certo número de cursos ou outras actividades de desenvolvimento (o que é geralmente denominado DPC – desenvolvimento profissional contínuo).

Qualquer profissional com uma boa auto-estima deverá naturalmente querer assegurar que as suas competências estão continuamente a ser melhoradas.

Mas pode precisar de um maior leque de competências para sobreviver aos desafios que se aproximam. A capacidade de se apresentar a si próprio de uma forma persuasiva, tanto numa conversa como numa plataforma, de negociar, de comunicar em linguagem corrente, de formar a equipa dos mais novos, de equilibrar responsabilidades éticas com os interesses dos clientes, de fechar um acordo, de mediar, etc.

Quer o DPC seja o veículo ou organize uma série de actividades de desenvolvimento contínuo, devia estar a investir uma certa quantia das suas receitas anuais em formação e educação desta natureza. É apreciada pela equipa e ajuda a aperfeiçoar o desempenho de todas aquelas tarefas necessárias para que o negócio seja um sucesso.

Ideia #78
Ofereça aos colaboradores a flexibilidade de horário
Esta opção é cada vez mais popular, particularmente junto de quem tem filhos pequenos. A flexibilidade possibilita aos elementos da equipa assumir outros compromissos na vida pessoal, enquanto continuam a trabalhar a tempo inteiro ou em *part-time*. No entanto, em algumas organizações alguns factores, tais como a necessidade de estar sempre disponível para os clientes, pode tornar isto impossível. Um gestor comentou comigo recentemente que a flexibilidade de horário representa um grande desafio para ele, dado que considera muito difícil manter o registo de quem está a trabalhar num determinado dia. Onde há clientes exigentes, ou o trabalho está a acumular-se, a flexibilidade de horários tem de ser cuidadosamente gerida. Mas muitas vezes compensa o esforço para manter e motivar os colaboradores mais importantes.

Ideia #79

Recompense os seus colaboradores (e a si próprio) com mais tempo livre

Ocasionalmente, exige aos colaboradores que trabalhem até mais tarde. Quando trabalham horas extras, é justo que sejam recompensados. Dar tempo livre é uma forma excelente de reconhecer os esforços e mostrar apreço. O director de uma agência de publicidade para a qual trabalhei costumava mandar as secretárias para um luxuoso *spa* durante metade do dia. Adoravam e o chefe pagava! Escolha as soluções que se adaptam à sua equipa (ou vários grupos dentro dela) e recolha os dividendos.

Agora, finalmente, relacionamos tudo o que foi comentado até aqui com a qualidade global da sua vida.

case study

RD Book Projects e RD WealthCreation

Rajen Devadason é o CEO da RD Book Projects e RD WealthCreation na Malásia. É um financeiro, cuja missão na vida é ajudar os outros a utilizarem melhor o tempo, o dinheiro, o talento e outros recursos, de modo a reconquistarem um controlo da sua vida. Depois de alguns trabalhos na área da consultoria e do jornalismo, decidiu renunciar a um salário elevado, para reconquistar um controlo sobre a sua vida e ter o poder de criar o seu próprio negócio. É autor de vários livros e livros electrónicos e é muito requisitado como orador e consultor.

Como começou o seu negócio?
A principal motivação foi sempre a crença de que tinha o direito e a capacidade de controlar as rédeas da minha vida.

Depois de acabar o curso em Londres, em 1988, trabalhei durante 11 meses na KPMG, que era na altura a maior empresa mundial de consultoria. Infelizmente, sentia-me miserável! Percebi que esta não era a profissão certa para mim. Regressei à Malásia e, depois de 17 dias a trabalhar na estação de televisão malaia TV3, desisti devido ao número de horas de trabalho. Mais tarde, em 1990, trabalhei numa revista de negócios local chamada *Malaysian Business*, como jornalista da área de negócios. Foi o melhor emprego que tive em toda a minha vida. Durante este período, ganhei prémios de jornalismo económico-empresarial, tanto locais como internacionais.

relação com os seus colaboradores

Em meados de 1994, deixei a revista por um aumento de ordenado de 200 por cento, para me tornar analista de investimentos do escritório da então conhecida como Standard Chartered Securities, em Kuala Lumpur. Infelizmente, embora o meu salário tivesse triplicado, a minha satisfação laboral baixou 90 por cento! Dei comigo a ser feliz apenas uma vez por mês, no dia de receber o salário. Foi durante os almoços frustrantes e no tempo de meditação passado nos engarrafamentos de Kuala Lumpur que comecei seriamente a avaliar quais eram os meus pontos fortes. Decidi, ou mais exactamente detectei, que queria tornar as competências já provadas de escrita e de análise em textos mais longos, que iriam permitir uma maior satisfação pessoal e um maior controlo sobre a forma como utilizava o meu tempo. Depois de um trabalho como editor fundador da revista *Smart Investor*, na Malásia, comecei o meu próprio negócio em 1996.

Qual foi o maior risco que assumiu ao longo da caminhada?
Sacrificar a segurança de um elevado cheque mensal pelo direito de tomar as minhas decisões.

Qual foi a sua maior fonte de inspiração?
A minha mãe, Janaki. Eu e ela nascemos no mesmo dia, 22 de Maio, e ela teve-me no seu 42.º aniversário. A nossa relação é excepcionalmente próxima. Ela e o meu pai separaram-se quando eu tinha um ano. Embora o meu pai me ajudasse financeiramente até certo ponto, foi a minha mãe que verdadeiramente me criou e à minha irmã com um rendimento modesto. Desde muito pequeno que me lembro da minha mãe me dizer constantemente que eu poderia fazer ou tornar-me naquilo que quisesse.

Como é que consegue que a pressão de gerir um negócio lhe possibilite ter o tipo de vida que quer?

Fracamente, nem sempre consigo. Quando consigo, é porque estabeleço a prioridade de ter tempo para estar longe do trabalho. Geralmente, trabalho muitas horas. Por exemplo, é produtivo para mim escrever até às 22h00 ou 23h00. Mas, actualmente, tento conscientemente limitar o trabalho a seis dias por semana; a minha linda esposa, Rachel, aborrece-se comigo quando me sinto tentado a interromper o Sabat e trabalhar ao domingo.

Por vezes a pressão deixa-me um pouco cansado. Tento compensar a Rachel criando de forma consciente alturas sem trabalho: nunca trabalho no Dia dos Namorados; no dia do nosso aniversário de casamento; no aniversário de Rachel; no meu aniversário; nos dois dias por ano em que se realiza o *National Achievers Congress*, em Kuala Lumpur, organizado pelo *Richard and Veronica Tan of Success Resources*; no acampamento familiar anual da minha igreja, que geralmente dura quatro dias; e na minha época do ano favorita, o Natal.

Olhando para trás, o que faria de forma diferente se tivesse oportunidade de fazer tudo novamente?

Comecei a trabalhar em 1988 e só lancei o meu próprio negócio em 1996. Se pudesse voltar a fazer as coisas, a única que mudaria é que teria começado a juntar dinheiro a partir do meu primeiro salário, para preparar reservas financeiras para ajudar a iniciar um negócio. Sou um felizardo por ter bons amigos, que se têm disponibilizado a ajudar a financiar os planos de expansão a longo prazo da minha empresa.

relação com os seus colaboradores

Que conselhos tem para dar a qualquer jovem empreendedor?
O maior desafio que enfrentei em nove anos, primeiro a administrar o meu negócio pessoal e depois a empresa que eu e Rachel temos, foi a gestão do *cash flow*. Acredito que expandir as finanças pessoais para assimilar o *stress* acrescido de ser dono de um negócio é a opção mais sensata. Há muitos aspectos a ter em consideração. Dois que me vêem rapidamente à cabeça são:

- **Crie uma conta para emergências:** ponha de lado entre seis a 12 meses de despesas. Ter uma solução à mão, ou pelo menos ter uma parte e trabalhar sistematicamente para atingir o valor, é uma tremenda fonte de tranquilidade interna, que se torna crucial quando as coisas no negócio não estão a correr tão bem.
- **Separe os seus objectivos de riqueza pessoal e do negócio:** a maior parte de nós emprega tanta energia financeira, pessoal e física na construção de um negócio que, muitas vezes, nos esquecemos que ele está lá para nos servir e não o contrário. Tenho um cliente que gere um negócio de venda a retalho em Kuala Lumpur, que subordinou completamente os seus objectivos pessoais e familiares de construção de riqueza para manter o negócio. Deste modo, pedia constantemente dinheiro emprestado, com taxas de juro cada vez mais altas, de forma a manter o negócio. Num recente período de 18 meses, a sua dívida total passou de 3,5 ringgits para 5,2 milhões. Enquanto as dívidas aumentavam, o seu estado emocional afundava-se. A esposa até começou a desmaiar na loja devido ao crescente *stress*! As coisas estão um pouco melhores agora e estou a ajudá-lo a reestruturar a sua vasta carteira de obrigações, para lhe dar "espaço" para se concentrar na construção de riqueza pessoal, em vez de estar constantemente a reinvestir tudo no negócio.

▷ *Rajen Devadason está* on-line *em: www.rajendevadason.com*

6 relação com a vida

> *Viva e trabalhe, mas não se esqueça de brincar,*
> *para ter diversão na vida e desfrutar dela realmente.*
>
> EILEEN CADDY

Não fará realmente um bom trabalho nem conseguirá criar e manter uma boa organização, se não estiver feliz com o que faz. Os vestígios da insatisfação irão sempre diluir o seu sucesso profissional. A expressão "equilíbrio entre trabalho e vida pessoal" entrou recentemente no vocabulário e estes dois aspectos ficam realmente bem juntos. Neste capítulo, concentramo-nos em si e no que lhe proporcionará a satisfação que quer (e que lhe irá permitir, ao mesmo tempo, ter um bom desempenho profissional).

Deixe-me começar com um ponto de vista pessoal. Depois de estar a trabalhar em Londres como advogado há alguns anos, o absurdo da minha existência diária atingiu-me uma manhã, quando viajava de metropolitano para o trabalho. Demorava em média uma hora de viagem de porta a porta, a ir e voltar do trabalho. Isto significava passar duas horas por dia, cinco dias por semana (dez horas), 48 semanas por ano (480 horas), descontando as férias, só em transportes. Tinha 27 anos. Pensei para mim mesmo que, se continuasse assim até à reforma com a idade de 65 anos – a 38 anos de distância na altura, passaria 480 horas por ano a viajar para o trabalho. Isto são 18.240 horas, 760 dias ou um pouco mais de dois anos da minha vida!

A perspectiva horrorizou-me. Costumava ficar a olhar para os cartazes no metro que publicitavam sítios exóticos ao sol. Sabia na altura que havia coisas que queria fazer na minha vida, além de viver em Londres e dirigir-me para o trabalho.

Hoje o meu estilo de vida está muito longe de tudo isso. Vivo numa magnífica parte subtropical da Austrália. Na maior parte das manhãs, vou a pé até à praia e algumas vezes nado. Ocasionalmente, penso nas centenas de milhares de pessoas presas nos engarrafamentos de trânsito, a perderem a calma e a ficarem "stressadas" antes mesmo de terem chegado aos locais de trabalho. Alguns consideram-me um felizardo. Não me considero um felizardo, embora sinta que tive sorte em perceber que tinha uma opção na vida. Tive de tomar decisões difíceis sobre o que faço e onde vivo. O que é mais importante para mim é a qualidade de vida e, muitas vezes, as melhores coisas da vida são gratuitas – as caminhadas na praia, os pores do sol, o chilrear dos pássaros na manhã.

Acredito que a maioria aprecia estas coisas e, à medida que vai envelhecendo, mais reconhece que a felicidade não vem de factores externos, como carros e casas maiores. A felicidade vem de dentro.

Ninguém faz ideia de quanto tempo nos resta neste planeta; se tivermos sorte, vivemos para além dos 80. Se não tivermos sorte, podemos não ver o sol nascer amanhã. O desafio é darmos a melhor utilização ao nosso tempo, para que possamos conquistar – e desfrutar.

Os três critérios

Enquanto descobre quais são as suas prioridades e como pode desfrutar mais a vida, pense em três critérios que, quando coincidem, irão trazer-lhe realização pessoal e profissional.

Esses três critérios estão representados pelos três círculos que se seguem:

```
        Competências
        profissionais

   Objectivo      Paixão
```

Para mostrar o meu ponto de vista, permita-me que reflicta na minha própria experiência só mais uma vez.

Competências profissionais

Para muitos advogados (e para a maior parte das pessoas) utilizar totalmente as suas competências profissionais representa geralmente o sucesso. Conquistar reputação como profissional é, para muitos, o objectivo de vida. Sem dúvida que era o que pensava quando era um jovem advogado.

Depois de praticar Direito durante cinco anos, provavelmente poderia ter colocado uma marca (✔) no círculo das competências profissionais e, naquela fase da minha carreira, teria de facto dito que as estava a usar bem. Gostava de exercer advocacia. A minha reputação era boa, embora fosse relativamente inexperiente.

Objectivo

No entanto, sabia que faltava algo. Por exemplo, nunca me sentia bem ao livrar as pessoas de uma acusação da qual, com todas as probabilidades, eram culpadas. Mesmo num veredicto de culpado, nunca senti que estivesse a dar um grande contributo para a sociedade ou a ajudar o meu cliente a longo prazo, simplesmente apresentando uma atenuante da sua parte. Sentia que estava a fazer algo que não tinha um objectivo ou significado.

Paixão

Não era apenas isso, eu não sentia paixão pelo trabalho que estava a fazer. Além do sentimento de pertencer a uma classe e a uma vida social partilhada com os meus colegas de profissão, o trabalho em si não era muito divertido. A maioria dos meus clientes era difícil, e muitas vezes desagradável, de lidar.

O desafio para todos nós na vida é sermos capazes de colocar uma marca nos três círculos: usar ao máximo as competências profissionais; fazer algo com um objectivo; e fazer alguma coisa pela qual nos sentimos apaixonados. Infelizmente, muitos daqueles que têm a liberdade e a oportunidade de fazer algo das suas vidas não podem colocar uma marca em nenhum dos círculos. Em quantos círculos pode colocar uma marca?

Aqui estão mais algumas ideias para o ajudar a colocar uma marca em cada um dos três círculos:

Ideia #80
Estabeleça objectivos

Uma das queixas mais comuns de quem trabalha em qualquer tipo de organização é a de que sente que não tem tempo suficiente. Muitos sonham com um dia com 30 horas. Não existe e, mesmo se existisse, desejariam que houvesse 40 horas em cada dia. O desafio é dar a melhor utilização às 24 horas que todos partilhamos, para encontrar um equilíbrio saudável entre trabalho e diversão. Comece por estabelecer alguns objectivos pessoais antes de fazer o plano de negócios. Decida o que quer para si e para a sua família e depois construa um negócio e um plano financeiro concebido para atingir esses objectivos.

Pode querer estabelecer objectivos que têm a ver com tempo livre, férias, exercício físico, dieta, renovação da casa, ou outros interesses ou paixões que quer realizar. Quando tiver decidido o que quer, planeie quando o quer e como o vai conseguir. Quantos tomam resoluções de Ano Novo e depois chegam a meio do ano sem ter concretizado alguma?

Há muitos livros que o irão ajudar a desenvolver os seus objectivos pessoais, financeiros e empresariais. O que é importante é planear o seu trabalho e trabalhar o plano. Escreva os seus objectivos, elabore um plano, execute o que concebeu e reveja continuamente o seu progresso.

Comprometa-se a ter sucesso e desenvolva uma atitude que lhe permita dizer: *Sou feliz, próspero e saudável, e gosto da vida.* Depois viva dessa forma.

Ideia #81

Contrate um coach

Um *coach* é alguém independente e qualificado, que o pode acompanhar e ajudar a alcançar os seus objectivos. Age como a sua consciência, garantindo que faz aquilo que promete. O *coach* pode também dar-lhe uma opinião objectiva sobre a forma como está a gerir a sua vida. Certifique-se de que não escolhe apenas um mentor (isto é, alguém que admira e respeita), mas alguém a quem vai permitir que siga o seu desenvolvimento, tal como faria um *coach* desportivo.

Ideia #82

Tenha um quadro branco na parede do seu escritório

> Tenho um no meu escritório que está dividido em seis colunas:
> ◆ Trabalho em desenvolvimento.
> ◆ Administração.
> ◆ Projectos a longo prazo.
> ◆ Perspectivas.
> ◆ Para fazer hoje.
> ◆ Para fazer durante esta semana.

Ajuda-me a atribuir prioridades às tarefas que precisam de atenção e a manter um equilíbrio entre objectivos a longo prazo e prioridades a curto prazo.

Ideia #83
Acabe com a desorganização no escritório

A maioria dos escritórios estão mais desarrumados do que arrumados. As pastas estão amontoadas em pilhas enormes e há papéis por toda a secretária. Como pode alguém trabalhar com eficácia neste ambiente é um mistério para mim. Se o seu escritório está numa confusão, comece a arrumá-lo – agora! Robyn Pearce é uma especialista em gestão do tempo e autora do livro *Getting a Grip on Time*.

Aqui estão os principais conselhos que dá para o ajudar a acabar com a desorganização no escritório:
- Encontre um lugar para tudo e coloque tudo no lugar.
- O espaço mais próximo da sua secretária ou computador é o mais precioso – não o ocupe com inutilidades.
- Arquive tudo alfabeticamente (ou use outro sistema consistente).
- Mantenha o material desnecessário longe da vista – ou serão distracções físicas.
- Decida onde colocar uma folha de papel e escreva-o no canto superior direito.
- Os sistemas de computador seguem os mesmos princípios básicos.
- Armazene as coisas na vertical e não na horizontal. Da próxima vez, serão mais fáceis de encontrar.
- Arquive sistematicamente – com regularidade (todos os anos ou quando for conveniente para si).
- Coloque etiquetas em tudo.

relação com a vida

- Deite fora o que não for necessário. Coloque a si próprio estas perguntas-chave: Voltarei a precisar disto? Se precisar, onde é que posso encontrá-lo se o deitar fora? Qual é a pior coisa que pode acontecer se deitar isto fora? Quando foi a última vez que o usei?
- Tenha um lugar para tudo, mesmo para as chaves e os óculos. Assim nunca perde as coisas.
- Crie um arquivo "a meio caminho da reciclagem" para o que não pode deitar fora – ainda.
- Use arquivadores (e separadores para as subcategorias) para guardar folhas soltas na vertical.
- Coloque etiquetas nos arquivos e ficheiros – nunca confie apenas na memória.
- FAÇA-O JÁ! Não olhe para um assunto e coloque de lado para fazer mais tarde. Se possível, aja imediatamente. Se tem tempo para decidir pô-lo de lado, tem geralmente tempo para o fazer, ou pelo menos para o passar para a fase seguinte.

Ideia #84
Levante-se da cama meia hora mais cedo todos os dias e faça uma caminhada

Há alguns anos, olhei bem para mim ao espelho, nu. Não foi uma experiência agradável! O meu corpo abanava em todos os lugares errados, quando saltava para cima e para baixo. Decidi alterar isso e tomei algumas decisões em relação à minha rotina. A primeira coisa que decidi fazer – e continuo a fazer onde quer que esteja – foi levantar-me meia hora mais cedo e ir fazer uma caminhada. Comecei por andar apenas quatro quilómetros todas as manhãs. Isto, juntamente com acertos menores na minha dieta, levou a uma perda de peso e gordura de 12 quilos, em apenas cinco semanas. Uma caminhada de manhã cedo não é bom apenas para o seu corpo, também ajuda a desanuviar a cabeça para o dia que começa.

Ideia #85
Oiça cassetes áudio ou CD a caminho do trabalho
Quando for para o trabalho de manhã, tanto de carro como de transportes públicos, faça uma boa utilização do seu tempo ouvindo um audiolivro sobre negócios. Há milhares no mercado, oferecendo informações úteis sobre como pode ser mais bem sucedido na vida.

> *Aprender é o princípio da riqueza.*
> *Aprender é o princípio da saúde.*
> *Aprender é o princípio da espiritualidade.*
> *Procurar e aprender é onde começa o processo milagroso.*
>
> JIM ROHN

Ideia #86
Leia mais
Nunca diga que não tem tempo para ler. Torne-o uma prioridade do seu dia e irá descobrir que tem tempo! Aqueles que têm sucesso, aprendem e conseguem informação e inspiração a ouvir CDs e a ler livros – não apenas livros sobre negócios ou auto-ajuda, mas também romances, jornais e revistas.

Ideia #87
Crie um diário
Nos últimos anos tenho mantido um diário, no qual escrevo objectivos, sonhos, experiências e sucessos. Releio o que escrevi de tempos a tempos e, quando o faço, lembro-me do que alcancei ou aprendi. É um aviso para um futuro melhor.

Ideia #88
Faça uma massagem a meio do dia

Não pode tomar conta do seu negócio se não tomar conta de si. É por isso que o exercício e a dieta são uma parte tão importante para o sucesso. Uma massagem terapêutica é outra excelente forma de aliviar o *stress*. Há muitos tipos de massagens terapêuticas ou de relaxamento, como *shiatsu*, sueca, tailandesa e havaiana, para nomear apenas algumas. Pergunte ao seu/sua massagista qual a mais indicada para si.

Muitas organizações têm agora massagistas que visitam o escritório para fazer uma massagem no pescoço e nos ombros dos colaboradores, enquanto estão sentados às secretárias. Este é um passo em frente, mas não tão eficaz como uma sessão de 60 minutos fora do escritório. Faça uma marcação com o seu/sua massagista, aponte-a na agenda e não a cancele, a não ser por circunstâncias excepcionais. Trate a marcação com o/a massagista como se de um cliente se tratasse. A Virgin Airways até tem massagistas a bordo para relaxamento durante um longo voo.

Ideia #89
Reserve um dia sem escritório

Na vida agitada com horários sobrecarregados, uma saída do escritório pode ser um verdadeiro estímulo para o seu bem-estar. Uma solução para sair mais vezes do escritório é reservar todas as sextas-feiras (ou, na verdade, qualquer outro dia – não quer perder as sextas-feiras da roupa informal!) como dias fora do escritório. Fazer isto coloca-o no "lugar do condutor" e no controlo da sua carreira. Não é esta que o controla. Experimente! Marque algum período fora do escritório na sua agenda e comprometa-se a cumpri-lo. Trabalhe em casa, na biblioteca, na praia, mas faça uma mudança e tire algum tempo livre.

Ideia #90
Saia do escritório o mais tardar às 17h30
Se é o que quer, então assuma o compromisso de sair do escritório a essa hora. Tudo o que tem a fazer é escolher e torná-lo uma prioridade. Ficará espantado com a forma como altera a sua vida. Desde que tenha o trabalho feito, não é importante a hora a que sai do escritório. De facto, muitas sondagens mostram que as horas a mais de trabalho que são feitas por muitos não representam um aumento da produtividade, mas apenas o prolongamento do trabalho por um dia maior.

Horários exigentes são quase inevitáveis para muitos, por isso é importante colocar as ferramentas em ordem para garantir que maximiza a sua eficácia e diversão, tanto no trabalho como em casa. Pode fazer isto! As duas ideias que se seguem são uma cortesia de Karen Beard, uma especialista em bem-estar empresarial (fundadora da empresa The Body Corporate Ltd.) a viver na Nova Zelândia. Irão ajudá-lo a fazer mudanças positivas no seu estilo de vida e a investir mais na sua saúde. Afinal, agora é que tem de cuidar da sua saúde e não daqui a 20 anos, quando estiver deitado numa cama de hospital. No passado, demasiada da nossa atenção com a saúde e o bem-estar foi reactiva e não preventiva e a profissão de advogado é uma das piores para o desgaste rápido.

Ideia #91
Faça caminhadas
Certifique-se de que faz uma caminhada de pelo menos uma hora todos os dias. Isto significa subir as escadas, estacionar o carro mais longe do escritório, ir a pé para os compromissos e sair do escritório para ir comprar a sanduíche à hora de almoço. Investigadores da Universidade de Pittsburgh provaram que quatro caminhadas de dez minutos cada, todos os dias, têm quase os mesmos benefícios dos exercícios cardiovasculares e provocam quase as mesmas perdas de gordura que a actividade física continuada. Também significa fazer um intervalo do trabalho sentado à secretária para apanhar ar fresco. Por isso, vou

fazer agora uma pausa, fazer uma caminhada e tomar uma chávena de chá – e aposto que volto com energia renovada.

Ideia #92
Saber como e quando desanuviar!

A palavra *stress* tem uma série de conotações negativas, mas este não é sempre mau. Todos podemos aguentar uma certa dose de *stress*; só precisamos de saber qual é o nosso limite, antes de rebentarmos. O *stress* só se torna mau quando ignoramos os sinais de aviso de que estamos a fazer coisas a mais. Esses sinais são, por exemplo, fadiga, acordar cedo de manhã, comichões na pele, dores de estômago, diarreia, dores de cabeça, problemas nos relacionamentos em casa e no trabalho, atitude de viciado no trabalho, incapacidade de relaxar, etc.

Seguem-se alguns conselhos de sobrevivência de Karen Beard para se manter saudável, publicados com a sua autorização:
- Ande pelo menos uma hora por dia.
- Coloque linhas a trancar na sua agenda reservando o tempo para caminhar e/ou fazer exercício – coloque-o como uma reunião, para não o poder mudar.
- Certifique-se de que tem pequenas quantidades de tempo para relaxar ao longo do dia, para permitir à sua mente estar sossegada e ficar criativa.
- Medite diariamente.
- Coma cinco refeições por dia.
- Ingira comida equilibrada a maior parte do tempo, mas aprecie na mesma a comida e o ritual social que a rodeia.
- Beba pelo menos oito copos de água por dia.
- Limite o chá e o café a duas/três chávenas por dia (ou seja, reduza a cafeína ingerida).

- Reintroduza na sua vida as coisas que gosta de fazer, mas que abandonou porque estava demasiado ocupado.
- Peça ajuda quando precisa.
- Garanta que, pelo menos um fim-de-semana por mês, pode acordar e escolher como vai passar o tempo, sem o ter já ocupado.
- Passe tempo com a família e com aqueles de quem gosta.
- Procure os pequenos milagres que acontecem diariamente, em vez de dizer que está demasiado ocupado para parar e reparar.

Ideia #93
Rodeie-se de pessoas positivas

As pessoas negativas sugam a sua energia e entusiasmo. Troçam do sucesso dos outros e alcançam pouco ou nenhum valor para os outros ou para elas próprias. Consideram que é reconfortante dizer *Não pode ser feito*. Há quase cem anos, os cidadãos de Kitty Hawk assinaram uma petição para Orville e Wilbur Wright serem fechados num asilo, por terem convidado toda a cidade para assistir ao voo do seu avião! Apenas cinco pessoas apareceram para testemunhar um dos acontecimentos mais importantes do século passado. Rodeie-se de pessoas que são entusiastas, que acreditam em si, que o apoiam e que partilham a sua abordagem positiva da vida. Irá descobrir que alimentam a energia uns dos outros.

Ideia #94
Torne-se um bom ouvinte

Ouvir é uma competência de comunicação crucial, juntamente com falar e observar. Contudo, nem todos são bons a ouvir. A maior parte está demasiado ocupada a falar e a expressar o seu ponto de vista, em vez de ouvir activamente, para compreender o ponto de vista do outro. Precisa de ouvir sempre a sua família, amigos, clientes, colegas e, claro, a si próprio. Pare um momento para reflectir sobre as suas capacidades de audição; deixa as pessoas acabarem as frases, ou interrompe e por vezes termina as frases por elas? Ser um bom ouvinte irá fazer com quem o rodeia se sinta especial, reconhecido e respeitado.

Uma técnica que uso para me ajudar a realmente ouvir uma conversa é imaginar que existe um "falómetro" que grava a percentagem de tempo de antena que uma determinada pessoa está a ter numa conversa. É um pouco como o gráfico televisivo apresentado durante um jogo de futebol para ilustrar quem tem mais posse de bola. O seu desafio é ter a menor percentagem de tempo de antena. Quem tem uma maior percentagem torna-se aborrecido.

> Ouvir não é a mesma coisa que escutar. Ouvir exige que esteja muito presente e a assimilar tudo o que lhe está a ser dito. Cinco estratégias que pode tentar são:
> - ◆ Olhe para quem está a falar consigo.
> - ◆ Mostre-se interessado.
> - ◆ Seja sincero.
> - ◆ Contribua para a conversa.
> - ◆ Mantenha contacto visual (ou seja, não olhe por cima do ombro do outro e não planeie com quem vai falar a seguir).

Uma lista mais extensa para uma audição eficaz (adaptada do livro *30 Minutes before Your Appraisal*, de Patrick Forsyth é apresentada a seguir. Esta é uma competência essencial.

> ◆ **Queira ouvir**: reconhecer como isso o pode ajudar é o primeiro passo para o fazer bem.

- **Mostre-se um bom ouvinte**: mostre aos outros que estão a receber a sua atenção, através do contacto visual apropriado e do conhecimento do que lhe está a ser dito.
- **Oiça e pare de falar**: não pode fazer as duas coisas ao mesmo tempo, qualquer conversa ficará estranha, e precisa de resistir à tentação de interromper, esperando até o ponto de vista estar totalmente exposto (ou o que fizer irá parecer uma fuga).
- **Use a empatia**: coloque-se no lugar do outro, tente ver as coisas do ponto de vista dele e deixe claro que o está a fazer.
- **Confirme**: esclareça se houve alguma coisa que não ficou clara. Deixar como está pode simplesmente criar maiores problemas mais tarde.
- **Permaneça calmo**: concentre-se nos factos e tente não deixar que uma reacção desproposisitada ou emocional bloqueie a sua capacidade de captar a mensagem completa.
- **Concentre-se**: e não permita que alguma coisa o distraia.
- **Centre-se nos pontos-chave**: vá à essência do que está a ser dito, que pode estar escondido por outras informações e comentários menos importantes.
- **Evite as personalidades**: concentre-se no que está a ser dito – o argumento – e não em quem o está a dizer.
- **Analise uma coisa de cada vez**: tirar conclusões, especialmente se o faz com base na suposição, pode causar problemas.
- **Evite as reacções negativas**: principalmente no início. Oiça o comentário e não pareça horrorizado (mesmo se estiver!) antes de decidir como tenciona prosseguir.
- **Tome notas**: não confie na sua memória. Escreva os pontos-chave à medida que a reunião avança (e, se sentir que é educado ou necessário, peça autorização para o fazer).

Ideia #95
Aprenda a meditar

A meditação pode criar um profundo sentido de relaxamento na sua mente e no seu corpo. Sossega a mente, embora permaneça acordada.

> Uma forma simples de o fazer é dar os seguintes passos:
> - Descubra um sítio calmo e sente-se numa posição confortável.
> - Feche os olhos.
> - Respire normalmente, mas concentre-se na sua respiração.
> - Se a sua mente vaguear, volte calmamente a concentrar-se na sua respiração.
> - Faça isto durante 15 minutos.
> - No final, mantenha os olhos fechados durante dois minutos e deixe--se recuperar. Esta técnica irá ajudá-lo a sentir-se profundamente relaxado.

Ideia #96
Faça algo criativo

Nem todos os empresários são conhecidos como sendo criativos; no entanto, já conheci muitos que o são. Tocam instrumentos musicais, dançam, pintam, escrevem, cantam ou são actores. Muitos são esplêndidos oradores para depois do jantar. É possível que exista alguma energia criativa dentro de si que esteja a tentar escapar? Se assim for, por que não deixá-la sair? A sua vida e o seu trabalho podem melhorar se o fizer.

Ideia #97
Sinta-se confortável com quem é

Já conheci muitos que têm dificuldade em ver-se bem ao espelho. Nem sempre gostam da pessoa (não apenas do reflexo físico) que os olha. Ocasionalmente, recito estes versos nos meus seminários, que parecem sensibilizar muitos:

> *Quando conseguir o que quer na sua busca pelo eu interior*
> *E o mundo fizer de si rei por um dia,*
> *Então vá até ao espelho e olhe para si mesmo*
> *E veja o que aquele homem tem a dizer.*
>
> *Não é do seu pai, mãe ou esposa*
> *O julgamento que tem de passar.*
> *O veredicto mais importante da sua vida*
> *É daquele que olha para si através do espelho.*
>
> *É a ele que tem de agradar – todos os outros não são importantes*
> *Porque ele vai estar consigo até ao fim*
> *E passou o teste mais perigoso e difícil*
> *Se o homem no espelho for seu amigo.*
>
> *Pode enganar o mundo inteiro ao longo dos anos*
> *E receber palmadinhas nas costas quando passa*
> *Mas a recompensa final será dor e lágrimas*
> *Se enganou o Homem no Espelho.*

DALE WIMBROW

Ideia #98
Ria e sorria mais vezes

Uma gargalhada é um excelente libertador de *stress*. Sabe o que o diverte: talvez seja uma peça, um determinado programa de televisão ou um comediante. Dê a si próprio mais oportunidades para rir. Sorrir tem um efeito semelhante. Quando sorri aos outros, eles geralmente retribuem o sorriso. Um sorriso não tem custos e fá-lo sentir-se melhor, assim como quem o recebe.

Ideia #99
Tenha algum período sem telefonemas

No seu esforço de agradar a todos, arrisca-se a não servir ninguém particularmente bem. Crie alguma calma no seu dia e tenha um certo período de tempo em que não recebe chamadas telefónicas. Isto irá ajudá-lo a relaxar e a trabalhar mais.

Dan Kennedy é um dos mais bem sucedidos especialistas norte-americanos de *marketing*. Só atende chamadas telefónicas uma vez por semana a uma hora pré-determinada. Nos outros dias, quem o quiser contactar tem de deixar uma mensagem! Não tem de ir tão longe; mas recorrer a este princípio irá ajudar.

Ideia #100
Encontre espaço para o lazer

O maior erro que a grande parte de quem trabalha comete, é não desfrutar de tempo de lazer suficiente. Muitos dizem que estão demasiado ocupados a trabalhar, mas não pode dar-se ao luxo de não ter tempo de lazer! É uma parte essencial da vida.

Sem ele, o seu trabalho sofre. Lembra-se do ditado Zen *O arco para sempre tenso irá quebrar?* O lazer permite-lhe relaxar, recarregar baterias, ver as coisas em perspectiva e pensar criativamente. O lazer não deve ser duas semanas obrigatórias de férias por ano numa altura programada, nem deveria ser uma licença sabática (embora seja uma boa ideia) a cada quatro anos. Se pensa que não tem tempo, o seu trabalho irá sofrer, bem como as suas relações.

Ideia #101
Coma mais bananas

Provavelmente está a imaginar por que é que este livro tem um título pouco convencional e por que é que deve comer mais bananas! Aqui está a razão: porque são boas para si. Os especialistas concordam que, como fonte rápida de energia proveniente de carboidratos, as bananas são melhores para si do que qualquer outro fruto. São excelentes para um aumento de energia.

As qualidades essenciais de uma banana deviam ser as presentes na construção de negócios de sucesso: são boas para si e são um grande valor para o dinheiro.

OK, é uma ligação muito fraca com o conteúdo deste livro, mas se o título foi importante na sua decisão de escolher ou comprar o livro, então foi uma ideia que funcionou!

Para onde vai a partir daqui?

Desde que deixei a advocacia, li muitos livros que me ajudaram a iniciar mudanças e a fazer melhorias no meu negócio e na minha vida.

A mudança pode ser uma perspectiva assustadora. Exige coragem para implementar novas ideias e começar a fazer as coisas de forma diferente. Consideramos que é relativamente fácil abraçar a tecnologia e torná-la uma parte da vida quotidiana, mas consideramos que é difícil abraçar uma nova forma de pensamento e fazer mudanças positivas na nossa vida.

Até aprendermos a abordar e a ultrapassar as nossas inseguranças individuais, não irá haver grandes mudanças. A maior parte das organizações actualmente ainda funciona da mesma forma hierárquica de há 400 anos. No entanto, o mundo está a mudar e temos de aprender a adaptar-nos. Os que se adaptam mais rapidamente são aqueles que mais beneficiam. O velho ditado diz que há três tipos de pessoas: as que fazem as coisas acontecer, as que observam as coisas a acontecer e aquelas que perguntam o que aconteceu.

relação com a vida

Acredito que a melhor forma de criar uma carreira de sucesso, e ter êxito, é fazer as coisas acontecer. Isto ajuda-o a si, à organização para a qual trabalha e, se for um gerador de negócios, também aos clientes.

Trabalhar num ambiente dinâmico tornou-se a norma. Talvez a única coisa em que os analistas empresariais e económicos concordam é que o futuro é incerto. O que tiver acontecido no seu passado está apenas na sua memória. O que acontece a seguir está na sua imaginação; a sua tarefa é fazê-la voar.

Ter sucesso no futuro significa aceitar a incerteza subjacente e trabalhar com ela. Também significa praticar acções concebidas para o levar onde quer ir. Para o ajudar ao longo do processo, pode consultar a lista no final deste livro (Apêndice A).

Se ler este livro o ajudar a rever e a definir o caminho que tem à sua frente, terá cumprido os seus objectivos. Se o ajudar – com ideias ou acções para iniciar a mudança e tornar a sua vida e o seu negócio melhores – ainda melhor.

> *Se nos últimos anos não alterou uma opinião importante*
> *nem adquiriu uma nova,*
> *verifique o seu pulso. Pode estar morto.*
>
> GELETT BURGESS

apêndices

> *Devíamos estar todos preocupados com o futuro porque é lá que teremos de passar o resto da nossa vida.*
> CHARLES F. KETTERING

Nesta secção final estão uma série de modelos, formulários e listas concebidos para lhe mostrar como colocar em acção algumas das ideias expostas anteriormente. Estes exemplos não podem ser tudo para todos. Contudo, pode adaptá-los ou estruturar uma versão que se adequa ao seu negócio e ao sector da indústria no qual trabalha.

◆ **Apêndice A**: responder às questões desta lista irá ajudá-lo a concentrar-se sobre onde está agora e o que quer alcançar no futuro.

◆ **Apêndice B**: mostra o estilo de uma carta que pode ser usada para solicitar *feedback* dos clientes.

◆ **Apêndice C**: usado como auxiliar da carta do Apêndice B, mostra como pode facilitar as respostas, fornecendo um formulário simples.

◆ **Apêndice D**: exemplo de um formulário que pode fornecer parte do *feedback* sobre o serviço ao cliente. Dando um caso específico, é o tipo de formulário que usei, com êxito, numa empresa de serviços profissionais como advogado. Este tipo de formulário tem de ser adaptado e reflectir as questões nas quais você e os seus clientes se querem concentrar.

◆ **Apêndice E**: esta lista está concebida para ajudar a garantir que uma apresentação esclarecedora antecede a aceitação de qualquer projecto. Tais questões podem ser colocadas acerca do chefe (e, caso seja o chefe, tenha a certeza de que são respondidas).

◆ **Apêndice F**: este questionário é para circular entre os membros de uma equipa, para verificar se a equipa está a trabalhar bem. Os Apêndices G e H estão relacionados com esta questão.

◆ **Apêndice G**: também avalia o trabalho de equipa – desta vez obtendo as opiniões dos seus elementos.

◆ **Apêndice H**: e este verifica o desempenho dos que a gerem/supervisionam.

Apêndice A
LISTA: PLANEAR PARA SE CONCENTRAR

Quando acabar de ler este livro, tente responder a estas questões e inclua-as no seu plano de desenvolvimento pessoal. O objectivo deste exercício é ajudá-lo a concentrar-se.

Desenvolva o seu *logo* falado – descreva numa frase o que faz *pelos* clientes.
Nunca diga apenas *Trabalho para a XYZ Limitada*. Pense em como pode expressá-lo, de forma a interessar os outros.

_____

_____

Diga o que o torna especial ou o distingue das outras organizações que oferecem produtos ou serviços semelhantes.
Por exemplo, pode querer ser visto como sendo diferente devido ao nível de serviço que presta aos clientes, à qualidade dos seus produtos, às suas ideias inovadoras, à pesquisa que faz ou ao simples facto de que, ao contrário de outros fornecedores, a descrição do seu produto e tabela de preços são claros como a água e dá garantias incondicionais em relação à qualidade do que oferece.

_____

_____

Identifique os seus pontos fortes e pontos fracos.
Por exemplo, as competências de comunicação, competências de apresentação, conhecimento técnico/do produto, base de clientes.

Pontos fortes _____

Pontos fracos _____

Identifique quaisquer factores/influências exteriores fora do seu controlo que possam ter um impacto negativo no seu negócio.
Enumere os que lhe vierem à cabeça.
_____
_____

Para onde quer que vá a sua carreira?
O que é que se vê a fazer daqui a **três** anos? Descreva o sucesso que pensa que você e o seu negócio irão conquistar.
_____
_____

Que competências específicas planeia adquirir ou desenvolver nos próximos três anos?
Enumere as competências (por exemplo, técnicas, interpessoais, de comunicação, de trabalho em equipa, de gestão, de *marketing*, de *networking*).
_____
_____

Onde quer estar daqui a um ano?
Descreva os resultados que quer ter alcançado. Por exemplo, aumento das receitas/lucros, base de clientes nova/alargada, novas competências, melhor relação com colegas/gestão sénior, artigos publicados.
_____
_____

Quais são as iniciativas específicas que tem de realizar para lá chegar?
_____
_____

apêndices

Agora, analise o que pode perguntar à sua equipa (ou colegas) para identificar como encaram, e se estão a preparar, o futuro. Exemplos de tais questões são:
- Que tipo de trabalho pensa que gostaria de fazer? Porquê?
- Com que tipo de clientes gostaria de trabalhar? Porquê?
- Que tipo de trabalho lhe dá mais prazer?
- Como gostaria de ser descrito no seu funeral?
- Pelo que quer ser admirado e por quem?
- No seu trabalho, que contributo quer dar à sociedade e à humanidade?
- Que importância tem o dinheiro para si? Porquê?
- Que importância tem o estatuto para si? Porquê?
- Há alguma coisa que o esteja a conter (por exemplo, medo, pressões familiares, dificuldades financeiras, falta de autoconfiança) e que gostaria de discutir em privado?
- Como posso ajudar?

Questionar-se é o primeiro passo para mudar. Qualquer acção que tome terá de ser o resultado da análise das suas respostas. Poderá, então, colher as recompensas.

O único lugar onde o sucesso vem antes do trabalho é no dicionário.

VIDAL SASSOON

Apêndice B
CARTA PADRÃO PARA SOLICITAR A PARTICIPAÇÃO DO CLIENTE NA SONDAGEM

(Em papel de carta da organização)

Nome do cliente
Função
Organização do cliente
Morada

Caro cliente (com o nome)

Um convite diferente!

No sentido de assegurar que estamos a fornecer os níveis de serviço que espera de nós, contratámos **António Silva**, consultor, para realizar uma sondagem junto de uma selecção dos nossos clientes, para saber o que pensam de nós. As questões que queremos abordar incluem a nossa eficácia, o valor do nosso produto/serviço para si e como o poderemos servir melhor. Prevemos que as entrevistas decorram em Julho e Agosto deste ano.

    Gostaríamos muito de contar com a sua participação na sondagem. Significa que despenderá entre 30 minutos a uma hora para se reunir com o António, para debater abertamente as suas experiências de relação connosco e para fazer sugestões que visem uma melhoria. As suas opiniões irão ser importantes porque, sem o seu *feedback*, não saberemos se os aspectos em que nos concentramos são os que melhor respondem às suas necessidades.

    O António tem a nossa total confiança para a realização desta sondagem e qualquer informação que obtenha será unicamente para servir os objectivos da mesma e será confidencial.

    Esperamos que participe. Por favor, disponha de alguns minutos para indicar no formulário em anexo se quer participar, para que o António trate dos preparativos necessários. Se concordar em participar, agradecíamos que tirasse alguns minutos para preencher o formulário sobre *feedback* também em anexo e o enviasse para o António por fax para o número xxx Pode também enviar um e-mail ao António para: xxx

Agradecemos o seu tempo e desejamos a continuação de bons negócios.

Com os melhores cumprimentos,

Nome
Função

Apêndice C
FORMULÁRIO DA SONDAGEM PARA O CLIENTE ENVIAR POR FAX
(Em papel de carta da organização)

Nome _____

Organização _____

Cidade _____

Por favor indique se está disposto a participar na sondagem ao cliente e a ser entrevistado por António Silva:

☐ **Sim**, gostaria de participar.
☐ **Não**, lamento mas não poderei participar.

Se aceita participar, por favor indique três datas e horas que seriam adequadas:

1. Data _____ Hora _____

2. Data _____ Hora _____

3. Data _____ Hora _____

Por favor, complete e envie por fax para:

(Inclua todos os dados para envio)

Apêndice D
FORMULÁRIO SOBRE O FEEDBACK DO SERVIÇO AO CLIENTE

Nome _____
Empresa _____
Título _____ Data _____

Indique por favor o seu nível de satisfação em relação a cada aspecto do nosso serviço abaixo listado e a sua importância para si, fazendo um círculo à volta do número apropriado.

As pessoas com quem lidou:	Como é o nosso desempenho?						Qual é a importância que tem para si?					
	Pobre			Excelente			Não tem				Muita	
Antes do projecto												
Ouviram o que tinha para dizer	1	2	3	4	5	6	1	2	3	4	5	6
Demonstraram que compreendiam as suas preocupações	1	2	3	4	5	6	1	2	3	4	5	6
Explicaram o que iriam fazer e porquê	1	2	3	4	5	6	1	2	3	4	5	6
Explicaram quanto é que provavelmente lhe custaria	1	2	3	4	5	6	1	2	3	4	5	6
Discutiram o processo de facturação/pagamento	1	2	3	4	5	6	1	2	3	4	5	6
Durante o projecto												
Atenderam o telefone rápida e amavelmente	1	2	3	4	5	6	1	2	3	4	5	6
Responderam às suas perguntas	1	2	3	4	5	6	1	2	3	4	5	6
Entregaram o que prometeram	1	2	3	4	5	6	1	2	3	4	5	6
Cumpriram os prazos	1	2	3	4	5	6	1	2	3	4	5	6
Foram acessíveis	1	2	3	4	5	6	1	2	3	4	5	6
Mantiveram-no a par dos desenvolvimentos	1	2	3	4	5	6	1	2	3	4	5	6
Mantiveram-no actualizado sobre possíveis variações do custo	1	2	3	4	5	6	1	2	3	4	5	6
Tiveram um elevado nível de apresentação	1	2	3	4	5	6	1	2	3	4	5	6

apêndices

Mostraram interesse em si, para além da tarefa específica	1	2	3	4	5	6	1	2	3	4	5	6
Iniciaram a acção nas negociações consigo	1	2	3	4	5	6	1	2	3	4	5	6
Demonstraram qualidades comerciais nos conselhos que deram	1	2	3	4	5	6	1	2	3	4	5	6
Estavam actualizados sobre a situação da indústria	1	2	3	4	5	6	1	2	3	4	5	6
Comunicaram de uma forma clara	1	2	3	4	5	6	1	2	3	4	5	6
Relacionaram-se bem consigo	1	2	3	4	5	6	1	2	3	4	5	6

Após o final do projecto

Entregaram os resultados de acordo com o valor fixado	1	2	3	4	5	6	1	2	3	4	5	6
Forneceram o serviço que esperava	1	2	3	4	5	6	1	2	3	4	5	6
Enviaram as facturas correcta e rapidamente	1	2	3	4	5	6	1	2	3	4	5	6
Não surgiram surpresas desagradáveis	1	2	3	4	5	6	1	2	3	4	5	6
Continuaram a mantê-lo informado sobre os desenvolvimentos da indústria	1	2	3	4	5	6	1	2	3	4	5	6
Continuaram a envolvê-lo nas actividades da empresa	1	2	3	4	5	6	1	2	3	4	5	6

COMENTÁRIOS

Que mudança poderíamos fazer para melhorar o nosso serviço?

_____

_____

Há outros aspectos do nosso serviço que gostaria de comentar?

_____

_____

O colaborador com quem contactou mais vezes foi:

_____

_____

Apêndice E
LISTA DE PRÉ-PROJECTO

Para ajudar a garantir que indicações claras são dadas/recebidas antes da acção, coloque estas perguntas quando se depara com algo novo.

◆ Como é que este projecto se enquadra no esquema? E por que é que estou a trabalhar nele?

◆ Como é que o produto final deve ser?

◆ Quanto tempo devo despender?

◆ É uma prioridade?

◆ Quando deve estar concluído?

◆ Onde posso conseguir mais informações ou outra ajuda?

◆ Quem é responsável pelas decisões e pela relação com o cliente (ou outros envolvidos)?

◆ Quando devo fazer o relatório?

◆ Vamos ver se percebi tudo bem. Aqui está o que pretendo fazer. É isto que quer que eu faça?

Apêndice F
QUESTIONÁRIO SOBRE O DESEMPENHO DA EQUIPA

Distribua este questionário pelos elementos da sua equipa, peça-lhes para o completarem e depois discutam os resultados em conjunto.

A nível geral, como pensa que a nossa equipa trabalha em conjunto?

Fracasso				Equipa de sonho	
1	2	3	4	5	6

Especificamente, indique qual o desempenho da equipa nas seguintes áreas:

	Deve estar a brincar!				Sem dúvida
Toda a equipa partilha um objectivo comum	1	2	3	4	5	6
A equipa está a trabalhar para alcançar os objectivos acordados	1	2	3	4	5	6
Todos os elementos da equipa contribuem e têm um papel a desempenhar	1	2	3	4	5	6
Os elementos da equipa dão *feedback* uns aos outros	1	2	3	4	5	6
As reuniões de equipa são bem dirigidas e no momento certo	1	2	3	4	5	6
Os elementos da equipa dão apoio mútuo	1	2	3	4	5	6
Os elementos da equipa são responsáveis uns pelos outros	1	2	3	4	5	6
A moral da equipa é elevada	1	2	3	4	5	6
A equipa tem um excelente *coach*	1	2	3	4	5	6
A equipa tem boas recompensas	1	2	3	4	5	6
A equipa celebra os êxitos	1	2	3	4	5	6

Sugestões para melhorar:

_____
_____
_____
_____
_____
_____

Apêndice G
QUESTIONÁRIO DE AUTO-AVALIAÇÃO PARA OS ELEMENTOS DA EQUIPA

Como parte do seu desenvolvimento na função actual, é importante que pense em como a está a desempenhar. Tente responder a estas questões tão honestamente quanto possível, depois discuta os resultados com o seu gestor.

Como sou a:

	Novato				Mestre
Relacionar-me com os clientes?	1	2	3	4	5
Encontrar e manter clientes?	1	2	3	4	5
Conduzir os contactos com clientes?	1	2	3	4	5
Trabalhar com colegas?	1	2	3	4	5
Nível de conhecimentos sobre a empresa, produtos e clientes?	1	2	3	4	5
Explicar os pormenores do produto e aplicações?	1	2	3	4	5
Comparar as informações com os clientes individuais?	1	2	3	4	5
Escrever cartas em português corrente?	1	2	3	4	5
Avançar com os inquéritos aos clientes?	1	2	3	4	5
Organizar arquivos, tempo e facturação?	1	2	3	4	5
Manter o escritório arrumado?	1	2	3	4	5
Avaliar e a resolver problemas?	1	2	3	4	5
Totais	___	___	___	___	___

Resultado

50-60	Já está a fazer um excelente trabalho
30-50	Está a fazer um bom trabalho, mas continue a melhorar
Abaixo de 30	Tem de trabalhar para melhorar as suas competências

Apêndice H
QUESTIONÁRIO DE AUTO-AVALIAÇÃO PARA GESTORES

Responda às questões que se seguem para si próprio e/ou peça a alguns elementos da equipa que preencham uma cópia deste questionário com base no que pensam sobre a sua pessoa:

Com que frequência:

	Nunca	Algumas vezes		Sempre	
Ajudo a equipa a estabelecer objectivos de carreira?	1	2	3	4	5
Ajudo a equipa a estabelecer hábitos de trabalho?	1	2	3	4	5
Verifico os níveis de motivação da equipa?	1	2	3	4	5
Dou *feedback* construtivo à equipa?	1	2	3	4	5
Peço *feedback* à equipa?	1	2	3	4	5
Ofereço orientação útil aos elementos da equipa?	1	2	3	4	5
Ajo como um bom mentor?	1	2	3	4	5
Elogio e encorajo os outros?	1	2	3	4	5
Delego eficazmente?	1	2	3	4	5
Dirijo reuniões de equipa que são eficazes?	1	2	3	4	5
Totais	__	__	__	__	__

Resultado

45-50	Já está a fazer um excelente trabalho como *coach* e supervisor!
35-45	Está na média
Abaixo de 35	Precisa de trabalhar muito as suas competências de *coach*.

sobre o autor
Quem é Simon Tupman?

É Director da Simon Tupman Presentations, fundada em 1994 para prestar serviços profissionais na área dos negócios. Desde então, a organização conquistou uma extensa lista de clientes em vários sectores da indústria.

O autor iniciou a sua vida profissional como advogado, em Inglaterra, em meados dos anos 80. Depois de uma pós-graduação em Londres, virou o seu mundo do avesso (literalmente) ao mudar-se para a Nova Zelândia, em 1992. Depois de dois anos como gestor de *marketing* num grande escritório de advocacia, criou a sua própria empresa de consultoria. Em 1997, mudou a empresa para a Austrália, para trabalhar com uma maior variedade de organizações.

Simon, que detém um MBA, especializou-se em explicar a empresários de todo o mundo como se pode ter sucesso através do empreendedorismo, da liderança e da comunicação. As suas apresentações são famosas por serem práticas, interessantes, divertidas, inspiradoras e engraçadas.

*Para Susan, uma jovem empreendedora
e uma fonte de inspiração*

agradecimentos

Aos muitos que contribuíram para o desenvolvimento deste livro, obrigado a todos. Família, amigos, colegas e clientes – todos fizeram com que este livro fosse possível.
Agradeço em particular a Patrick Forsyth, consultor, orientador e escritor, que dirige a Touchstone Training & Consultancy na Grã-Bretanha. O seu contributo, além do encorajamento, ajuda e conselhos, foi significativo e resultou na publicação deste livro pela Cyan Books.

Tenho ainda de agradecer aos participantes nos *case studies*: Rachel Clacher da Moneypenny; Rajen Devadason da RD Wealth Creation; Leonard G. Lee da Lee Valley Tools Ltd.; Gary Lines da Byron Bay Cookie Company; e Jackie Shevel do Netcare Group. Agradeço a Debbie Edge, Max Hitchins, Ed Bernacki e Ian Wilson pelas suas sugestões e introduções.
Aos que se seguem, que tiveram a amabilidade de autorizar a reprodução de material já publicado:

Keith Abraham: excerto de *Creating Loyal Profitable Customers*
Patrick Forsyth: excerto de *Hook Your Audience*
Patrick Forsyth: texto adaptado de *Managing in the Discomfort Zone*
Dr. David Freemantle: excertos de *What Customers Like about You*
David Maister: excertos de *True Professionalism*
Robyn Pearce: excertos de *Getting a Grip on Time*
Os meus agradecimentos a todos.

bibliografia

Durante a pesquisa para escrever este livro, li ou fiz referências aos seguintes textos:

Keith Abraham *Creating Loyal Profitable Customers* (People Pursuing a Passion)
Ann Andrews *Shift Your But* (Pacific Island Books)
Richard Carlson *Don't Sweat the Small Stuff at Work* (Hyperion)
Deepak Chopra *The Seven Spiritual Laws of Success* (Amber-Allen/New World Library)
John Clark *The Money of Your Life* (Tandem)
Stephen Covey *The 7 Habits of Highly Effective People* (The Business Library)
Patrick Forsyth *30 Minutes before Your Appraisal* (Kogan Page)
Patrick Forsyth *Detox Your Career* (Cyan Books)
Patrick Forsyth *Marketing Stripped Bare* (Kogan Page)
David Freemantle *The 80 Things You Must Do to Be a Great Boss* (McGraw-Hill)
David Freemantle *Incredible Customer Service* (McGraw-Hill)
David Freemantle *What Customers Like about You* (Nicholas Brealey)
Michael Gerber *The E-Myth Revisited* (Harper Business)
John Harvey-Jones *All Together Now* (William Heinemann)
John Harvey-Jones *Making it Happen* (Collins)
Robyn Henderson *How to Master Networking* (Prentice Hall)
Napoleon Hill *Think and Grow Rich* (Fawcett)
Sam Hill *Sixty Trends in Sixty Minutes* (Wiley)
Hans Jakobi *How to Be Happy and Rich on Your Income* (Wealth Dynamics)
Cyndi Kaplan *Publish for Profit* (Cyndi Kaplan Communications)

John Kehoe *Money, Success and You* (Zoetic Inc.)
Daniel S. Kennedy *The Ultimate Marketing Plan* (Bob Adams Inc.)
Max Landsberg *The Tao of Coaching* (Harper Collins)
Mark H. McCormack *The Terrible Truth about Lawyers* (Morrow)
David Maister *Managing the Professional Service Firm* (Macmillan)
David Maister *True Professionalism* (Free Press)
Robyn Pearce *Getting a Grip on Time* (Reed Publishing)
Faith Popcorn *The Popcorn Report* (Doubleday)
Dan Poynter *The Self-Publishing Manual* (Para Publications)
Murray and Neil Raphel *Up the Loyalty Ladder* (Harper Business)
Leonard Schlesinger and James Heskett "Breaking the Cycle of Failure in Services" *MIT Sloan Management Review*
Larry Schreiter *The Happy Lawyer* (Shiloh Publications)
Ricardo Semler *Maverick!* (Century)
Dottie and Lilly Walters *101 Simple Things to Grow Your Business* (Crisp Publications)
Dottie and Lilly Walters *Speak and Grow Rich* (Prentice Hall)
Alan Weiss *Million Dollar Consulting* (McGraw-Hill)
Alan Weiss *Money Talks* (McGraw-Hill)
Wheeler Associates/McCallum Layton/E-marketing *Marketing the Advisers II*

Gostou deste livro? Oferecemos-lhe a oportunidade de comprar outros dos nossos títulos com 10% de desconto. O envio é gratuito (correio normal) para Portugal Continental e Ilhas.

	Título	Autores	Preço
☐	Sociedade Pós-Capitalista	Peter F. Drucker	19 € + iva = 19,95 €
☐	Liderança Inteligente	Alan Hooper e John Potter	19 € + iva = 19,95 €
☐	O que é a Gestão	Joan Magretta	19 € + iva = 19,95 €
☐	A Agenda	Michael Hammer	19 € + iva = 19,95 €
☐	O Mundo das Marcas	Vários	20 € + iva = 21,00 €
☐	Vencer	Jack e Suzy Welch	21 € + iva = 22,05 €
☐	Como Enriquecer na Bolsa	Mary Buffett e David Clark com Warren Buffett	14 € + iva = 14,70 €
☐	Vencer (áudio)	Jack e Suzy Welch	15 € + iva = 18,15 €
☐	O Diário de Drucker (versão capa mole)	Peter Drucker com Joseph A. Maciarello	19 € + iva = 19,95 €
☐	O Mundo é Plano	Thomas L. Friedman	20 € + iva = 21,00 €
☐	O Futuro é Hoje	John C. Maxwell	19 € + iva = 19,95 €
☐	Nunca Almoce Sozinho	Keith Ferrazzi com Tahl Raz	19 € + iva = 19,95 €
☐	Sou Director, e Agora?	Thomas J. Neff e James M. Citrin	19 € + iva = 19,95 €
☐	O Meu Eu e Outros Temas Importantes	Charles Handy	19 € + iva = 19,95 €
☐	Buzzmarketing	Mark Hughes	19 € + iva = 19,95 €
☐	A Revolução da Riqueza	Alvin e Heidi Toffler	21 € + iva = 22,05 €
☐	A Cauda Longa	Chris Anderson	20 € + iva = 21,00 €
☐	Vencer: As Respostas	Jack e Suzy Welch	19 € + iva = 19,95 €

Colecção Espírito de Negócios

	Título	Autores	Preço
☐	Gestão do Tempo	Polly Bird	18 € + iva = 18,90 €
☐	O Poder do Pensamento Positivo nos Negócios	Scott W. Ventrella	18 € + iva = 18,90 €
☐	A Arte da Liderança Pessoal	Randi B. Noyes	18 € + iva = 18,90 €
☐	Comunicar com Sucesso	Perry Wood	18 € + iva = 18,90 €
☐	Persuasão	Dave Lakhani	18 € + iva = 18,90 €
☐	Como destruir uma empresa em 12 meses… ou antes	Luis Castañeda	18 € + iva = 18,90 €

Colecção Harvard Business School Press

	Título	Autores	Preço
☐	Visão Periférica	George S. Day e Paul J.H. Schoemaker	20 € + iva = 21,00 €
☐	Questões de Carácter	Joseph L. Badaracco, Jr.	20 € + iva = 21,00 €

Total	
10% desconto	
Custo Final	

Pode enviar o pagamento por cheque cruzado, ao cuidado de **Conjuntura Actual Editora, L.ᵈᵃ** – para a seguinte morada:
Caixa Postal 180
Rua Correia Teles, 28-A
1350-100 Lisboa
Portugal
Por favor inclua o nome completo, morada e número de contribuinte.